Zum Heilpädagogischen Kurs
Rudolf Steiners

HEILPÄDAGOGIK
aus anthroposophischer Menschenkunde

1

Schriftenreihe der Medizinischen Sektion
am Goetheanum Dornach
*Herausgegeben von Georg von Arnim,
Hellmut Klimm und Gotthard Starke*

Zum Heilpädagogischen Kurs Rudolf Steiners

Mit Aufsätzen von

Rudolf Grosse, Hellmut Klimm,
Hermann Poppelbaum, Georg von Arnim,
Walter Holtzapfel und Georg Unger

VERLAG FREIES GEISTESLEBEN

Herstellung: ARPA-Druck Langnau / Zürich
ISBN 3 7725 0645 3

INHALT

Vorwort

Heilpädagogik auf anthroposophischer Grundlage hat sich bisher publizistisch nur wenig dargestellt, vergleicht man die Zahl ihrer Veröffentlichungen mit denen auf heilpädagogischem Felde überhaupt. Eine der Ursachen dafür ist sicher darin zu suchen, daß die Wirklichkeit anthroposophisch-heilpädagogischen Tuns sehr schwer schriftlich zu fixieren ist, weil die praktischen Vorgänge in dem, was sich zwischen dem Heilpädagogen und dem Kinde abspielt, durchaus subjektiv sind; zum anderen aber setzt der objektive Kern des Prozesses die Kenntnis des anthroposophischen Menschenbildes voraus, wenn man ihn verstehen will. So ist zwar vieles durch das gesprochene Wort mitgeteilt worden, aber wenig hat eine schriftliche Darstellung gefunden.

Die Herausgabe der vorliegenden Schriftenreihe erfolgt durch die Medizinische Sektion der Hochschule für Geisteswissenschaft (Goetheanum) in Dornach/Schweiz. Dies geschieht deshalb, weil Rudolf Steiner das Wesen der Heilpädagogik durchaus im Bereich der eigentlichen Heilkunst sah und sie deshalb der Medizinischen Sektion am Goetheanum zugeordnet hat.

Mit dem Erscheinen dieser Hefte ist die Absicht verbunden, den geisteswissenschaftlichen Aspekt, wie ihn Rudolf Steiner 1924 in den zwölf Vorträgen seines Heilpädagogischen Kurses entwickelt hat, dem ständig wachsenden Kreis von heilpädagogisch tätigen Menschen zugänglich zu machen. Die nunmehr 50jährige Praxis mit diesem Kurs und ihre weltweite Verbreitung hat die fortwirkende Kraft des Impulses erwiesen, der in ihm lebendig ist. Wir meinen, daß die immer dringender anstehenden Probleme kindlicher Fehlentwicklungen den Beitrag aus der geisteswissenschaftlichen Forschung brauchen, wenn sie einer realen Lösung zugeführt werden sollen. Dazu bedarf es nur des unbefangenen Willens, die Ergebnisse dieser Forschung gelten zu lassen.

Die Beiträge der Schriftenreihe haben eine zweifache Zielsetzung. Sie sind einmal darauf gerichtet, Erkenntnisse auszuarbeiten, die für den Inhalt des Begriffes "Heilpädagogik" Bedeutung haben. Zum anderen sind sie aus der täglichen heilpädagogischen Arbeit hervorgegangen. Damit beruhen sie ganz auf der praktischen Anwendung jener Einsichten über kindliche Entwicklungsstörungen, die sich den geisteswissenschaftlichen Untersuchungen Rudolf Steiners ergeben haben.

Die Herausgeber

RUDOLF GROSSE

Die anthroposophische Heilpädagogik

Als im Juni 1924 Rudolf Steiner in Dornach am Goetheanum den ersten heilpädagogischen Kurs hielt, trat damit die *anthroposophische Heilpädagogik* in unser 20. Jahrhundert hinein. In wenigen Jahren entwickelte sie sich zu einem starken, segenbringenden therapeutisch-pädagogischen Strom, der ungezählten Kindern Heilung und Schicksalshilfe gab. Aus den kleinen Anfängen der beiden ersten heilpädagogischen Institute, dem "Sonnenhof" in Arlesheim und dem "Lauenstein" in Jena, sind bis zum heutigen Tage, des 50. Jahres seit 1924, soviele große, angesehene und bedeutend wirkende Heime für Seelenpflege-bedürftige Kinder in allen Kontinenten der Erde entstanden, daß die Heilpädagogik zu einem weltweiten Strom des Heilens und Tragens schwerster Kinder- und Menschenschicksale geworden ist.

Wodurch kam es, daß die Heilpädagogik eine solche Bedeutung und ein solches Ansehen erlangen konnte? Sie, die sich auf einem Gebiet betätigte, das immer vernachlässigt worden war und für das die soziale Welt wenig Interesse, wenig Menschlichkeit und keine Heilerimpulse aufbringen konnte?

Warum weckte das kranke, das zurückgebliebene, das verkümmerte, das verblödete Menschenkind nicht den tiefsten Helferwillen der Umwelt — und warum öffnete die Anthroposophie den Blick für das tiefe menschliche Problem, das seit undenklichen Zeiten auf seine Erkenntnis und seine Behandlung wartete?

Diese Fragen deuten auf das Grundproblem unserer Zeit hin, welches sich darin ausspricht, daß immer weniger darum gerungen wird, *was der Mensch ist*, obgleich diese Frage am Anfang alles Wissens, jeder Erkenntnis, jeder Auseinandersetzung mit dem Leben und mit der eigenen Existenz steht. Keine Kultur kann im Grunde bestehen, wenn sie kein inneres Ringen um die Erkenntnis des Menschen aufbringen kann. Man hat heute vergessen, daß dieses Ringen um Menschen-Erkenntnis auf dem Grund aller Kulturen sich abgespielt hat. Denn was bedeutet es anderes, wenn von einer persischen, ägyptischen, griechischen, römischen, germanischen Kultur gesprochen wird, als daß man tief bedeutsame Unterschiede im jeweiligen Verstehen und Erkennen des Menschen damit im Auge hat? Welche Differenz im Erfassen des Menschen drückt sich doch allein in den Geburts- und Todeskulten der verschiedenen Völker aus!

In allen alten Kulturen kann man auf eine wesentliche Pflege des Wissens über das Wesen der Menschen hinblicken, während in unserer gegenwärtigen Zeit gerade darüber wohl die stärksten Diskrepanzen zum Vorschein kommen. So wie der Mensch heute sich zu Geburt und Tod stellt und immer mehr beide Ereignisse allein vom physisch-irdischen Aspekt aus begreift und wertet, ist die innere Leere und geistige Armut, die daraus spricht, nicht mehr zu verbergen. In den weltweiten Diskussionen um die Abtreibung beim Geburtspol und um die Euthanasie beim Todespol wird eine völlige Ausweglosigkeit diesen großen Daseinsrätseln gegenüber offenbar. In diesen Auseinandersetzungen lässt sich kein Sinn im Leben mehr entdecken, damit lässt sich aber auch keine Heilpädagogik begründen. Worin besteht dann aber die Alternative? Darin, daß dem sinnlos gewordenen Dasein des Menschen ein Verstehen und Begreifen, eine innere Schau des Menschenwesens entgegengestellt wird, die weit über die Grenzen der Sinnesanschauung hinauswächst, weil sie den Menschen als ein Geistwesen vor sich stehen hat, das jenseits von Geburt und Tod in übersinnlichen Welten seine Ur-Existenz besitzt. Der Mensch, der hier auf Erden im physischen Gewand erscheint, ist als Geistesindividualität im Übersinnlichen beheimatet und trägt die Gesetze des Übersinnlichen in die irdische Welt mit hinein. So daß wir im Lebenslauf eines Menschen das Sichtbarwerden der ihm innewohnenden Geistgesetze betrachten und damit Unendliches vom geistigen Wesen eines Menschen gesagt bekommen. 'Wie trägt der Mensch also seinen geistigen Auftrag ins Erdenleben hinein?' ist die erste wesentliche Frage. Daß sie so gestellt werden kann, zeigt mit aller Deutlichkeit, daß der Primat im Leben dem geistigen Ursprung des Menschen zukommt. Sein geistiger Ursprung und das ihm eigene Gesetz des Werdens, wie es im Lebenslauf zwischen Geburt und Tod zur Offenbarung kommt, weisen darauf hin, daß diese Lebensoffenbarung, die wir das Schicksal des Menschen nennen, keine Zufälligkeit ist, sondern einer Prägung entspricht, die aus dem Geisteswillen der ewigen Individualität selber stammt. Aus welchem Urgrund, aus welchem Impuls stammt dieser Prägungswille, der im Schicksalsverlauf manifest wird? Er hängt auf das innigste mit den Taten, Leiden, Freuden, Verirrungen, dem moralischen Aufstieg oder Fall in einem früheren Erdenleben zusammen. Was man einst in einem früheren Dasein mit Menschen zusammen getan, wie man ein hilfreicher Herzensmensch, ein weisheitsvolles philosophisches Gemüt, ein unternehmender Tat- und Willensmensch gewesen ist, ob man der Umwelt menschliche Wärme oder egoistische Kälte, ob man Interesse für das Dasein gezeigt oder es asketisch mißachtend auf die Seite gestellt hat, das bewirkt die Summe des Lebens, die es nach dem Tode zu verarbeiten, zu erkennen gibt und die dann zu neuen Impulsen in einem neuen Leben verwandelt werden soll.

Bei diesem Verwandlungsprozess geht es immer um die Urfrage des Menschen, nämlich wie man in jedem Erdenleben mehr Mensch werden könne. Mehr Mensch — gemessen am Urbild des Menschen überhaupt, wie es vor einem steht, wenn man die Todesschwelle überschritten hat und an welchem das innere Maß, der innere Menschwerde-Trieb als Geisteskraft im Menschen neu entsteht. Dieses Schauen des Menschen-Urbildes ist die Geist-Begegnung des Menschen mit dem Christus. Aus ihm, diesem Geist der Liebe, werden die eigenen Kräfte in der Tiefe der Seele gesteigert und einem nächsten Erdenleben als Impulse des Menschseins mitgegeben. Es entsteht das Ringen des Menschen um Gut und Böse, um Licht und Finsternis, um Kränkung oder Heilung.

Aus dieser Menschenschau heraus begegnet man nun dem Kinde, dessen schweres Schicksal es nicht erlaubt, mit dem eigenen Körper fertig zu werden. Ihm zu helfen, seinen auch ihm zugehörenden gesunden Geistesmenschen in das Leben hereinzubringen, ist jene heilend-heilige Gesinnung, die den echten Heilpädagogen ausmacht. Er muss ja aufs tiefste in die Schicksalsgeheimnisse hineinblicken können, die ein so schwer im Körperlichen geschädigtes Kind umweben. Er muss im Hinblick auf die wahre Wesenheit eines solchen Kindes das Helfenwollen stark und lebendig machen, damit auch es am Erdenleben das erlebt, was zu seiner geheimen Aufgabe gehört: den Körper, der sich der seelisch-geistigen Durchdringung so furchtbar entzieht, zu dirigieren und ihm vom Aufstehen am Morgen bis zum Abend immer etwas abzuringen an Geschicklichkeit der Bewegung, am Wahrnehmen durch die Sinne, im Kämpfen mit der Schwere der Glieder und im Erleben von Güte und Liebe am Leben mit den anderen. Was uns, den Normalen, wie geschenkt gegeben ist, was mühelos von uns bewältigt werden kann, so daß wir unsere ganze Geisteskraft ins Leben, in die Gemeinschaft, in unsere Aufgabe hineinströmen lassen können, ist hier ein schweres, oft kaum gelingendes Sichanstrengen um das Geringe, das Kleine, das Unscheinbare. Alles Leichte ist hier schwer, alles Selbstverständliche ein kaum lösbares Problem: Gehen, Sprechen, Denken, Essen, Waschen, An-und Ausziehen, Einschlafen und Aufwachen, mit Menschen zusammensein — alles ein endloses, schweres Abmühen. Und so unendlich wenig Bewusstsein! Da sieht der Heilpädagoge, wie in ihm selbst gerade dadurch ein vorher nie erfahrenes, gesteigertes Bewusstsein entsteht, wie er das Menschsein in einer gnadenhaften Tiefe erlebt, die weit über das hinausgeht, was der normale Mensch je erfahren kann - es ist eine Welt, die in ihrer Schwere und in ihrer Menschheitsaufgabe eine ungeahnte Größe besitzt. Alle diese Kinder spüren dort, wo ihr ureigenes gesundes Geistwesen sie umschwebt, das heilpädagogische Helfen, Erziehen, Heilen und Sorgen. Davon werden sie unbewusst mächtig berührt, sie nehmen das auf, was Menschen in diesem Tun ausstrahlen und ihnen geben können. Das erleben sie als *ihre* Erdenkunde, als den Sinn *ihres* Lebens, als das Geheimnis *ihres* Schicksals: was es heisst, mit dem Leib nicht fertig zu werden, was es heisst, keine Sprache, keine beherrschte Bewegung, kein klares Denken zu haben und wie man ohne den anderen Menschen, der einem seine Hilfe, Wärme, Liebe, seinen Mut und seinen Einsatz schenkt, kein Mensch werden könnte. "Ohne den 'anderen' könnte ich nicht leben, ohne den 'anderen' wäre ich kein Mensch, ohne den 'anderen' wäre ich hilflos allein, ohne ihn lebensunfähig und vernichtet." Diese Kunde geht weit über das Wesen der Heilpädagogik hinaus, weil es im Großen auch das wahre Geheimnis unserer Zeit ist, die überall mehr und mehr den Menschen verliert und dadurch zu einer lebensunfähigen Gesellschaft wird, wo keiner mit dem andern mehr auf dem Boden wahren und echten Menschentums zusammenleben kann. Daraus entsteht der schmerzliche Ruf nach dem, der helfen und heilen kann, die Sehnsucht nach dem wirklichen Menschen-Urbild. Das, was in diesem Sinne das zentrale Wesen der Heilpädagogik ist, welches in ihr wirkt, es muß zum Kern unserer Kultur werden, wenn sie nicht den Verlust des Menschen auf schreckliche, apokalyptische Art erleben soll.

So wird die Heilpädagogik ein tief soziales Wirken, um die Schicksale der Kinder zu tragen, zu erleichtern und zu behüten. Daran werden sich dann die Kräfte entzünden, die in einem nächsten Erdenleben in einer neuen Persönlichkeit wiederum Menschlichkeit schenken können, die voll erlebend das soziale Dasein gütiger, wärmer und lichter macht.

HELLMUT KLIMM

Betrachtungen zum Heilpädagogischen Kurs von Rudolf Steiner

Die Heilpädagogik ist unter den praktischen Lebensgebieten, die durch Rudolf Steiner eine geisteswissenschaftliche Begründung und Erweiterung erfahren haben, dadurch gekennzeichnet, daß sie zwar am spätesten und kürzesten ihre Anregungen bekommen, aber ein ganz besonderes Echo in der Welt gefunden hat. Es gibt z.B. zahlreiche Vortragskurs für Pädagogik, Medizin und Sozialwissenschaften, aber nur einen Heilpädagogischen Kurs[1]. Rudolf Steiner hat ihn in der letzten Zeit seines Erdenwirkens gehalten. Nun muß man wissen, daß er seine Ratschläge für bestimmte Aufgaben nur auf konkrete Anfragen von Menschen gab, die mit diesem Gebiet selbst verbunden waren. Die Heilpädagogik war damals noch viel weniger als heute ein etablierter Berufszweig. Wir können es als glückliche Fügung betrachten, daß die Frage nach Anregungen für diese Aufgabe durch drei interessierte Menschen an ihn herangetragen wurde. Man kann aber vermuten, daß ihm diese Frage sehr entgegenkam und er bereitwillig darauf einging, weil er selbst dieses Gebiet so wichtig fand, mit dem er aus eigener früherer Tätigkeit verbunden war. Er hatte auch bereits der ersten Waldorf-Schule in Stuttgart eine Hilfsklasse angegliedert und einen sehr fähigen Lehrer dafür gewonnen.

Im Laufe der Jahre ist aus den damaligen Keimen eine umfangreiche anthroposophisch-heilpädagogische Bewegung mit vielen Heimen und Tagesschulen und in der Fortsetzung auch die sozialtherapeutische Arbeit mit Erwachsenen entstanden. Vielen Menschen begegnet die Anthroposophie durch diese Einrichtungen, viele vermeinen sogar fälschlich, das wäre das Hauptanliegen der Anthroposophie. Da es heute allgemein viel mehr Heilpädagogen als damals gibt und der Beruf bei jungen Menschen immer mehr Anklang findet, interessieren sich viele für die anthroposophisch orientierte Heilpädagogik, manchmal auch nur, um sich darüber zu informieren. Sie erkundigen sich nach Literatur, hören vom heilpädagogischen Kurs und sagen sich, da bin ich an der Quelle. Das sind sie auch, aber sie werden bald merken, daß dieser Kurs nicht eine Einführung zu einer ersten Orientierung ist, sondern Anthroposophie voraussetzt und einen ganz intimen Charakter für den Hörer hat. Gerade das kann auf manchen unvoreingenommenen Leser impulsierend wirken, da er Rudolf Steiner in der Art der Darstellung besonders unmittelbar begegnet und durch die lapidare Umkehr von gewohnten Vorstellungen angeregt wird, sich grundlegend mit der Anthroposophie zu beschäftigen. Auf andere kann es aber auch befremdend wirken, da man dem gedruckten Text nicht ansieht, an welch kleinen vertrauten Kreis er mündlich gerichtet war, und sich einen großen Hörerkreis vorstellt, der in das Gebiet eingeführt werden soll. Deshalb ist es sicher gut, noch einmal über die Entstehungsgeschichte dieses Kurses zu berichten, auch für die Menschen, die schon selbst einen Zugang zur Anthroposophie gefunden haben und vielleicht in ihrer Ausbildung den Kurs studieren; denn nach 50 Jahren bleibt eben der gedruckte Kurs. Es sollte aber nicht in Vergessenheit geraten, wie die damaligen Vorträge zustande kamen und in welchem Rahmen sie gehalten sind. Je mehr sie zur wichtigen Literatur zählen, desto mehr müssen wir uns bemühen, daß sie nicht einfach Literatur bleiben.

Zur Entstehungsgeschichte des Heilpädagogischen Kurses

Den Anstoß zum Kurs gab die Frage von drei jungen Studenten, die mit dem Trüper'schen Jugendsanatorium in Jena in Verbindung standen und teilweise dort tätig waren. Sie traten in der Weihnachtszeit des Jahres 1923 an Rudolf Steiner mit der Frage heran, ob er ihnen Gesichtspunkte und Anregungen für die heilpädagogische Arbeit geben könnte. Als er das bejahte und seine Hilfe in Aussicht stellte, gründeten sie in den nächsten Monaten unter Mitwirkung einer Ärztin und einer Schwester ein eigenes Institut, den Lauenstein bei Jena. Es war ein gewagtes Unternehmen, denn es bestanden fast keine finanziellen Voraussetzungen dafür, und die Verhältnisse waren mehr als einfach. Die kleine Gruppe kompensierte mit ihrem unermüdlichen Einsatz alle Unzulänglichkeiten, hatte bald eine Reihe von z.T. sehr schwierigen Kindern zu betreuen, musste selbst kochen und putzen und sehen, wie in der damals wirtschaftlich schwierigen Zeit das Geld für den nächsten Tag beschafft wurde. Am 18.Juni 1924 besuchte Rudolf Steiner das junge Heim auf der Rückreise von Breslau nach Dornach. Er war beeindruckt von dieser raschen Gründung und drückte sein Erstaunen darüber aus, daß alles in so kurzer Zeit zustande gekommen war. Doch schaute er mit durchaus kritischem

Blick alles in Haus und Garten an und widmete sich dann den Kindern, über die er sich ausführlich berichten und sich jedes einzeln vorstellen liess. Es gibt noch ein Notizbuchblatt, auf dem Rudolf Steiner sich Aufzeichnungen von den Kindern und seinen therapeutischen Vorschlägen machte, denn diese Kinder wurden anschliessend von ihm im Kurs ausführlich besprochen. Wenige Tage später fuhren die Lauensteiner Initianten mit ihrer Ärztin zum Heilpädagogischen Kursus nach Dornach, während eine kleine Besetzung das Heim hütete. Sie bildeten den Kern der Kursteilnehmer. Dazu kamen Ärzte aus dem Klinisch-Therapeutischen Institut von Frau Dr. Ita Wegman mit dem Sonnenhof in Arlesheim, in dem auch bereits die ersten Kinder zur heilpädagogischen Betreuung aufgenommen worden waren, weiter der Lehrer der Hilfsklasse, der Schularzt und noch ein Lehrer der Waldorf-Schule in Stuttgart, einige wenige Gäste und vor allem alle Vorstandsmitglieder der Weihnachten vorher neubegründeten Allgemeinen Anthroposophischen Gesellschaft, insgesamt ca. 20 Teilnehmer.

Vor diesem kleinen Kreis, der mit der Anthroposophie vertraut war, und ihren wichtigsten Repräsentanten unter den Zuhörern hielt Rudolf Steiner zwölf Vorträge. Die Darstellung war auf den vertrauten Kreis und auf den Austausch mit den Zuhörern zugeschnitten und oft von einer Unmittelbarkeit und Gerafftheit in der Formulierung der Gedanken, wie es in diesem Rahmen gut möglich, aber nicht für eine Veröffentlichung gedacht war. Auch die anderen zahlreichen gedruckten Vorträge aus dieser Zeit sind nur mit dem einschränkenden Vermerk als mündliche, nicht zum Druck bestimmte Mitteilungen veröffentlicht, aber sie wurden fast alle vor einem größeren Publikum gehalten und sind von der bewährten Stenographin sehr genau mitgeschrieben worden. Dieser Kurs wurde offiziell nicht mitstenographiert, sondern aus stenographischen und anderen Aufzeichnungen von Teilnehmern rekonstruiert und muß unter diesen Vorbehalten betrachtet werden.

In dem intimen Rahmen der Darstellung kommen auch sehr persönliche Hinweise vor, über die man als unvorbereiteter Leser sehr überrascht sein kann. Aus der Kenntnis der Situation heraus kann man aber besser verstehen, daß es Rudolf Steiner nicht nur um eine Beratung der Heilpädagogik mit anthroposophischem Gedankengut, sondern um eine Impulsierung für diese Arbeit ging, für die sich junge Menschen aus ihrer Verbindung mit der Anthroposophie einsetzen wollten.

Selbstverständlich sind wir heute sehr froh, daß der Kurs so gut wie möglich aufgeschrieben wurde und als Buch zur Verfügung steht. Aber es ist gut, wenn man die Zusammenhänge kennt und dadurch besser verstehen kann.

Für einige Teilnehmer war es überraschend, daß Rudolf Steiner am Ende seiner Darstellungen die Heilpädagogik eng mit der Medizin verband und sie der Medizinischen Sektion am Goetheanum unter der Leitung von Dr. Ita Wegman angliederte. Dabei muß man wissen, daß durch ihn, der selbst die Pädagogische Sektion leitete, die Verbindung zur Pädagogik von vornherein gegeben war. Es ging ihm nicht um trennende Scheidungen, sondern gerade um eine Überwindung des "Egoismus im Spezialwirken".

"Sie müssen sich klar sein, daß die Medizinische Sektion Ihnen dasjenige allein geben kann, was nun die Pädagogik vertiefen kann nach der Abnormität des Menschen hin", so lautet seine Begründung für die Verbindung zur Medizin, die er durch die Wichtigkeit der Heileurythmie auf diesem Gebiet noch unterstreicht. Also nicht um eine Abklärung durch den Arzt und dann Überweisung an den Heilpädagogen kann es sich handeln, wie es heute oft noch üblich ist, sondern um ein laufendes Zusammenarbeiten.

Dr. Ita Wegman hat sich nach dem Tode Rudolf Steiners ganz besonders der Fortentwicklung der Heilpädagogik angenommen. Diese bekam in wenigen Jahren schon einen erstaunlichen Aufschwung und breitete sich in vielen Ländern aus.

Frühere Verbindungen Rudolf Steiners zur Heilpädagogik

In den letzten Jahren seines Wirkens wurde Rudolf Steiner auf vielen Gebieten um Rat gefragt, zu denen er aus seiner geisteswissenschaftlichen Forschung heraus grundlegende Gesichtspunkte bis in die praktische Durchführung geben konnte, obwohl er selbst nie in diesen Bereichen tätig war. So zum Beispiel für das große Feld der sozialen Dreigliederung, für die er nach dem ersten Weltkrieg auf Fragen von politisch tätigen, kompetenten Menschen eine eigene Aktionsbewegung inauguriert hat, oder für die Landwirtschaft, ja auch für die Medizin, wo er sich trotz frühester Beschäftigung mit den Fragen schon von seiner Studienzeit her mit eigenen Ratschlägen immer zurückhielt und sie nur zu Ärzten oder in Verbindung mit Ärzten gab. Aus seiner Sicht sind die verschiedenen Aufgabengebiete im Erdenwirken nicht in Spezialgebiete getrennt, sondern in ihrem geistigen Zusammenhang eng miteinander verbunden.

Auf dem Gebiete der Pädagogik und — was weniger bekannt, aber für uns hier eindrucksvoll ist — der Heilpädagogik war er selbst schon in jungen Jahren tätig und schaute auf eigene Erfahrung zurück. In seinem "Lebensgang" und in den veröffentlichten Briefen[2] schildert er, wie er mit 23 Jahren als Hauslehrer in eine Familie zu vier Knaben kam, von denen einer damals ungefähr zehnjährig, wegen einer Hydrocephalie das Sorgenkind der Familie war. Er hatte kaum die ersten Elemente des Lesens, Schreibens und Rechnens erworben, war träge im Denken und in seinen Lebensfunktionen durch Kopfschmerzen, Blaßwerden etc. beeinträchtigt. Wir zitieren aus dem "Lebensgang", wie Rudolf Steiner an die Aufgabe heranging und welche erstaunlichen Fortschritte er erzielen konnte, die für jeden auf dem Gebiete Erfahrenen fast sensationell wirken:

"Ich bildete mir, nachdem ich das Kind kennengelernt hatte, das Urteil, daß eine diesem körperlichen und seelischen Organismus entsprechende Erziehung die schlummernden Fähigkeiten zum Erwachen bringen müsse; und ich machte den Eltern den Vorschlag, mir die Erziehung zu überlassen. Die Mutter des Knaben brachte diesem Vorschlag Vertrauen entgegen, und dadurch konnte ich mir diese besondere pädagogische Aufgabe stellen.

Ich mußte den Zugang zu einer Seele finden, die sich zunächst wie in einem schlafähnlichen Zustande befand und die allmählich dazu zu bringen war, die Herrschaft über die Körperäußerungen zu gewinnen. Man hatte gewissermaßen die Seele erst in den Körper einzuschalten. Ich war von dem Glauben durchdrungen, daß der Knabe zwar verborgene, aber sogar große geistige Fähigkeiten habe. Das gestaltete meine Aufgabe zu einer tief befriedigenden. Ich konnte das Kind bald zu einer liebevollen Anhänglichkeit an mich bringen. Das bewirkte, daß der bloße Verkehr mit demselben die schlummernden Seelenfähigkeiten zum Erwachen brachte. *Für das Unterrichten mußte ich besondere Methoden ersinnen.** Jede Viertelstunde, die über ein gewisses, dem Unterricht zugeteiltes Zeitmaß hinausging, bewirkte eine Beeinträchtigung des Gesundheitszustandes. Zu manchen Unterrichtsfächern konnte der Knabe nur sehr schwer ein Verhältnis finden.

Diese Erziehungsaufgabe wurde für mich eine reiche Quelle des Lernens. Es eröffnete sich mir durch die Lehrpraxis, die ich anzuwenden hatte, ein Einblick in den Zusammenhang zwischen Geistig-Seelischem und Körperlichem im Menschen. *Da machte ich mein eigentliches Studium in Physiologie und Psychologie durch.** Ich wurde gewahr, wie Erziehung und Unterricht zu einer Kunst werden muß, die in wirklicher Menschenerkenntnis ihre Grundlage hat. Ein ökonomisches Prinzip hatte ich sorgfältig durchzuführen. Ich mußte mich oft für eine halbe Unterrichtsstunde zwei Stunden lang vorbereiten, um den Unterrichtsstoff so zu gestalten, daß ich dann in der geringsten Zeit und mit möglichst wenig Anspannung der geistigen und körperlichen Kräfte ein Höchstmaß der Leistungsfähigkeit des Knaben erreichen konnte. Die Reihenfolge der Unterrichtsfächer mußte sorgfältig er-

* Vom Verfasser hervorgehoben

wogen, die ganze Tageseinteilung sachgemäß bestimmt werden. Ich hatte die Befriedigung, daß der Knabe im Verlaufe von zwei Jahren den Volksschulunterricht nachgeholt hatte und die Aufnahmeprüfung in das Gymnasium bestehen konnte. Auch seine Gesundheitsverhältnisse hatten sich wesentlich gebessert, die vorhandene Hydrocephalie war in starker Rückbildung begriffen. Ich konnte den Eltern den Vorschlag machen, den Knaben in die öffentliche Schule zu schicken. Es erschien mir nötig, daß er seine Lebensentwicklung im Verein mit anderen Knaben finde. Ich blieb als Erzieher in der Familie für mehrere Jahre und widmete mich besonders diesem Knaben, der ganz darauf angewiesen war, seinen Weg durch die Schule so zu nehmen, daß seine häusliche Betätigung in dem Geiste fortgeführt wurde, in dem sie begonnen war. ...

Ich muß dem Schicksal dafür dankbar sein, daß es mich in ein solches Lebensverhältnis gebracht hat. Denn ich erwarb mir dadurch auf lebendige Art eine Erkenntnis der Menschenwesenheit, von der ich glaube, daß sie so lebendig auf einem anderen Wege von mir nicht hätte erworben werden können."

Soweit das Zitat. Sein Schützling konnte das Gymnasium absolvieren, wurde später Arzt und starb als Opfer des 1. Weltkrieges. Selbst wenn man eine gute geistige Bildbarkeit annimmt, bleibt es erstaunlich, daß ein Mensch, der mit 10 Jahren solche Schwierigkeiten zeigte, zu diesem Lebensweg gebracht werden konnte. Aus der eindrucksvollen Schilderung können uns zwei Dinge besonders beschäftigen.

Einmal die lange Vorbereitungszeit, die sich Rudolf Steiner nahm, um das Pensum für den leicht ermüdbaren Knaben so zu gestalten, daß er in der kurzen Phase, in der er aufnahmefähig war, optimal viel erarbeiten konnte. Dabei ging es nicht nur um den Stoff, sondern um die therapeutische Handhabung des Unterrichts. Denn das Wacherwerden des Kindes sollte auch die Verbesserung seiner Lebensfunktionen bringen. Vielleicht waren die Einwirkungen Rudolf Steiners schon von Elementen begleitet, die er später in der Heileurythmie ausgearbeitet hat. Welche Führung und Gezieltheit müssen seine pädagogischen Maßnahmen gehabt haben, um so wirksam zu sein!

Dann kann uns weiter sein Hinweis beschäftigen: Im Umgang mit diesem Knaben "machte ich mein eigentliches Studium in Physiologie und Psychologie durch". Also an den abnormen Erscheinungen konnte er am besten die Grundlagen des Leibes und des Seelenlebens studieren und auf lebendige Art eine Erkenntnis der Menschenwesenheit erwerben. Gerade im Hinblick auf die Psychologie weist er auch in späteren Vorträgen immer wieder darauf hin, daß Grenzsituationen und krankhafte Erscheinungen eine Grundlage für das Erfassen der gesunden Zusammenhänge sind.

Nicht an Tieren und deren Verhalten, nicht durch experimentelle Versuche am Menschen wie am Tier, bei denen man eine isolierte Abfolge herausdestilliert, kann man die Erforschung der menschlichen Seele beginnen und Ansatzpunkte für eine praktische, wirklichkeitsgemäße Psychologie finden, sondern viel besser durch die Beobachtung und Verfolgung pathologischer Erscheinungen. Bei diesem Gedanken ist es interessant, sich die getrennten Entwicklungswege von Psychiatrie und Psychologie vor Augen zu führen, die verschiedenen Schulen und Ansätze von der Praxis zur Theorie und der Theorie zur Praxis.

Im Jahre 1915 wurde Rudolf Steiner brieflich gefragt, ob in der abendländischen mystischen Literatur etwas Bedeutsames in Bezug auf die "Krüppelfürsorge" gefunden werden kann. In seiner Antwort[3] schreibt er, daß er das nicht für wahrscheinlich hält, weil diese Literatur einen beschaulichen Charakter trägt, der nur wenig den Weg vom Menschlich-Allgemeinen zum Speziell-Menschlichen (besondere Anlagen und Gebrechen etc.) sucht. Ganz anders würde sich allerdings die Frage stellen, wenn man auf das sieht, was die von ihm gemeinte anthroposophische Fortbildung der abendländischen Geistesforschung erstrebt. *Da sie im Einklang mit der naturwissenschaftlichen Weltanschauung steht*,* wird ihr die Erweiterung der geistigen Betrachtung auch für Gebiete möglich sein, in denen das Seelisch-Geistige seine Betätigungsart und sein Erleiden von Seite des Physischen her empfängt.

Und nun kommen in dem Brief zwei wesentliche Hinweise, die man über eine Betrachtung "Anthroposophie und Heilpädagogik" stellen kann. Er schreibt, wie wichtig die rechte Einstellung des Bewußtseins gegenüber "irgendwie gebrechlichen oder verkrüppelten Menschen" ist, die durch die anthroposophische Erkenntnis die tragfähige Grundlage findet, daß *die Geistgestalt bei jedem Menschen als eine geisteswissenschaftlich nachweisbare Realität voll intakt ist* und nur die Leiblichkeit vom Gebrechen betroffen wird. Nach einigen Betrachtungen und Beispielen schreibt er dann zur Notwendigkeit der rechten Einfühlung:

"Bitte mißverstehen Sie mich nicht, wenn ich sage: man stellt sich zu einem Menschen mit einem Gebrechen am besten ein, wenn man auf ganz selbstverständliche Art eine mit Ehrfurcht gepaarte Liebe haben kann. So gesprochen ist der Satz nur anwendbar auf Menschen, die eben rein körperliche Gebrechen haben. Denn was so oft dem Krüppel fehlt, ist ein Ausfluß der Umgebung, ist begründet in dem Mangel der menschlichen Herzen, die sich wohl einfühlen können in Menschen-Erlebnisse, die ihnen

* Vom Verfasser hervorgehoben

gleich oder ähnlich sind, und nicht in solche, die ganz anders sind. *Man kann kaum einem Menschen seelisch etwas sein, in dessen Innenlage man sich nicht versetzen kann.** Doch hilft bei diesem Sich-Versetzen keine Reflexion, sondern nur das wie selbstverständliche Sich-Finden im anderen Menschen."

Die Bedeutung der Einfühlung gegenüber dem geistig-seelisch gestörten Mitmenschen wird jeder einsehen. So könnte man das als eine Binsenwahrheit bezeichnen. Aber man erkennt den Unterschied, der zwischen einem gefühlsmäßigen Mitempfinden aus der eigenen Seelenlage heraus liegt, wie es einer caritativen Haltung entspricht, und dem "wie selbstverständlichen Sich-Finden im anderen Menschen", das mit der Erkenntnis der intakten Geistgestalt verbunden ist.

Dann schließt in diesem Brief unmittelbar eine wichtige Charakterisierung der Anthroposophie an: "Gerade dies, glaube ich, ist das Unterscheidende der 'anthroposophischen Weltanschauung', wie ich sie meine, von anderen, daß sie zwar ein Gedankengebäude ist, aber ein solches, das durch seine Art sofort den Gedanken überwindet, wenn es gilt, sich dem Leben gegenüberzustellen. Der *lebendige* Gedanke ist nicht wie der tote; jener individualisiert sich in der Empfindung, im Erlebnis, während der tote Gedanke sich dem Erlebnis gegenüber aufdringlich verhält."

Nicht ein System will Anthroposophie sein, in das sich die Erscheinungen und Erfahrungen wie in ein Prokrustesbett einfügen müssen. Die lebendigen Gedanken bleiben beweglich und schöpferisch vor der Fülle der Erscheinungen. Damit ist nicht eine Abkehr von der Beobachtung der sinnlich faßbaren Welt gemeint, sondern in der besonderen Sorgfalt bei der Beobachtung die Fähigkeit zu erleben, daß die Welt Ausdruck eines geistigen Grundes und deshalb ihre Erfassung durch den Geist im Denken möglich ist. Es liegt darin auch der Übergang vom bloßen Wissen zur Weisheit.

Diese Gedanken kann man einer anthroposophisch begründeten Heilpädagogik voranstellen. Denn auch bei geisteswissenschaftlich gewonnenen Erkenntnissen besteht die Möglichkeit, daß man sie wie ein System behandelt und in den Begriffen hängenbleibt. Das "Wissen" von den Wesensgliedern zum Beispiel oder der Dreigliederung des menschlichen Organismus bedeutet noch nicht, daß sie im rechten Sinn erfaßt sind. Man kann damit wie mit anderen Terminologien oder wie mit "Spielregeln" umgehen, wie man sie auch in anderen Theorien, "Denkmodellen" oder psychologischen Systemen findet, und vielleicht nicht wegen, sondern trotz des theoretischen Überbaues allenfalls noch zu vernünftigen Handhabungen im praktischen Leben kommen. So geht es heute oft im "Zeitalter der Wissenschaftlichkeit" und Wissenschaftsgläubigkeit, daß man - als Anliegen berechtigt - eine

* Vom Verfasser hervorgehoben

wissenschaftliche Begründung zimmert, die aber nicht zutreffen muß und über manchmal durchaus brauchbare Praktiken gestülpt wird. Dafür wird man gerade auf dem Felde der Psyche und allem, was damit zusammenhängt, viele Beispiele finden können. Sicher wird man auch von verschiedenen Seiten den anthroposophischen Aktivitäten einen ähnlichen Vorwurf machen wollen nach dem Motto: sie leisten ja eine ganz ordentliche Arbeit aus ihrer idealistischen Haltung heraus, wenn sie auch eigenartige Vorstellungen haben. Diese Tendenz liegt nahe, weil die Begründung geisteswissenschaftlicher Tatsachen nicht mit der landläufigen sinnenfälligen Urteilsbasis zu erreichen ist und eine Beurteilung ohne entsprechende Schulung auch abgelehnt werden muß. Um die Realität dieser Tatsachen zu erfahren, muß man sich eingehend damit befassen und kann dann ein Unterscheidungsvermögen entwickeln, das eine Orientierung in den Erscheinungen der Welt möglich macht. Ein Kriterium geisteswissenschaftlicher Begriffe liegt darin, daß sie nicht isoliert zu betrachten und kästchenmäßig zu ordnen sind, sondern stets im Verein mit den benachbarten Begriffen sich gegenseitig durchdringen und tragen.

So ist auch für das Studium des heilpädagogischen Kurses eine Aufgeschlossenheit und ein Verständnis für die bewegliche geisteswissenschaftliche Betrachtungsweise Voraussetzung, während ein nur zergliedernder Verstand unbefriedigt bleiben wird.

Zur Vorgeschichte dieses Kurses gehört noch, daß in den annähernd 6000 Vorträgen, die Rudolf Steiner gehalten hat und die zum großen Teil mitgeschrieben und veröffentlicht wurden, viele Hinweise zu finden sind, die eine Bedeutung für die Heilpädagogik haben. Vor allem ab 1919 mit der Gründung der Schulbewegung in den pädagogischen Kursen, dem Lehrplan und den Konferenzen, aber auch in den medizinischen Kursen, die er ab 1920 gehalten hat, ist sehr viel mit Bezug auf dieses Gebiet enthalten. Von dem Hervortreten verschiedener Entwicklungsbetonungen beim sogenannten normalen Kind bis zu den pathologischen Erscheinungen bestehen ja fließende Übergänge. Unter den Kindern in der Stuttgarter Waldorfschule gab es auch solche mit erheblichen Schwierigkeiten.

Wenn man alles zusammenstellen würde, was sich in Rudolf Steiners Vorträgen in Bezug auf psychopathologische Erscheinungen beim Menschen und speziell beim Kind findet, und dazu seine umfassenden menschenkundlichen Darstellungen nimmt, hätte man schon viele Hinweise, um eine geisteswissenschaftlich begründete Heilpädagogik aufzubauen. Wirklich inauguriert finden wir sie im Kurs.

Unsere Betrachtungen sollen einige Gedanken hervorheben und Verbindungen zwischen ihnen zeigen, die bei längerer Beschäftigung mit dem Kurs immer lebendigere Gestalt gewinnen. Man entdeckt beim Studium stets wieder Neues, und besonders beim gemeinschaftlichen Arbeiten ist man erstaunt, was allein bei der Betrachtung einer manchmal nur kurzen Vortragsstelle gewonnen werden kann. Dabei kommen die Beziehungen zum großen Aufbau des Kurses immer mehr heraus. Aber das erschließt sich erst im Laufe der Zeit. Aus eigenem Erleben kann ich sagen, daß mich die erste Lektüre des Kurses etwas enttäuscht hat. Ich war aus der Enge der üblichen Lehrvorstellungen auf einen begrenzten, systematischen Aufbau eingestellt, bei dem z.B. alle Krankheitsbilder gleichartig und in gleichem Umfang behandelt werden, hatte auch bis zu jener Zeit mehr Bücher als Vortragszyklen von Rudolf Steiner studiert und fühlte mich in dem Kurs etwas hin und her bewegt, wenn mich auch die Weite der Darstellung sofort begeisterte. So schienen mir die vorgestellten Kinder sehr unterschiedlich besprochen, manche Erscheinungen ausführlich, andere aphoristisch. Das Beispielhafte jeder speziellen Schilderung und der große Zusammenhang durch alle zwölf Vorträge gingen mir erst nach und nach auf. Nun sind solche Entdeckungen das Beste, was man erfahren kann. Das möchte man jedem selbst überlassen. Aber die Möglichkeiten dazu scheinen mir in dem Kurs so groß, daß einige Anregungen dazu eher stimulierend wirken können.

Nur um solche Anregungen soll es sich hier handeln. Nicht eine Ausarbeitung einzelner Themen oder Krankheitsbilder ist gemeint. Diese wichtige Aufgabe, die schon von einigen Seiten aufgegriffen worden ist, wie z.B. für einige Krankheitsbilder von W.Holtzapfel in seinem Buch "Kinderschicksale", wird in der Zukunft weiter gepflegt werden müssen. Auch keine Exegese des Kurses soll versucht werden, die ihn mit anderen Darstellungen von Rudolf Steiner erweitert, sondern nur die Hervorhebung einiger Gedanken ohne Anspruch auf Vollständigkeit, mit einem Blick auf den heilpädagogischen Alltag, auf die Fragen, die uns dabei begegnen und für die wir eine Antwort im Kurs finden können.

Wenn man den Aufbau des Kurses *äußerlich* betrachtet, beginnt er zur Frage eines wirklichen Verständnisses für seelisch abnorme Erscheinungen mit der Gestaltung der Leiblichkeit durch kosmische Seelenkräfte bei der Inkarnation, kommt zu einer Beschreibung des Wirkens der Wesensglieder im Organismus, schildert drei Krankheitspaare mit den geisteswissenschaftlichen Begründungen, geht zu den Kindervorstellungen und -besprechungen über und endet mit Ratschlägen für den Heilpädagogen und einer Meditation. Diesem äußeren Gang liegt ein Thema zugrunde, das durch den ganzen Kurs geht, beim Aufbau und der Gestaltung des menschlichen Organismus beginnt, hinter den besprochenen Krankheitspaaren steht und bis zur Erziehermeditation geführt wird. Das ist das Thema von *"Punkt und Kreis"*. Da darauf nicht ausgesprochen hingewiesen, sondern dieses Thema immer neu angeschlagen wird, kann dieser große Bogen zu einer Entdeckung werden, die einem rückblickend am Ende des Kurses aufgehen kann. Es gibt zu vielen Vorträgen und Vortragsreihen Notizbuchaufzeichnungen von Rudolf Steiner, aber nicht für diesen Kurs. Man könnte sich aber ein solches Notizblatt gut vorstellen und fände darauf einen Kreis mit einem Mittelpunkt und darunter noch einen Kreis mit einem Mittelpunkt. Damit wäre das Thema hinlänglich charakterisiert.

Das Thema von "Punkt und Kreis" ist wie ein Schlüssel, dem man in verschiedenen anderen geisteswissenschaftlichen Darstellungen begegnet, auch wenn nicht direkt von Punkt und Kreis die Rede ist. Für den Heilpädagogen scheint es besonders wichtig zu sein. Die Frage, warum das so ist, kann uns beschäftigen.

Zunächst gehen wir aber an den Beginn des Kurses zurück, wo die Voraussetzungen zur Beurteilung von sogenannten "normalen" oder "abnormen" seelischen Erscheinungen besprochen werden.

Die leibgestaltenden Seelenkräfte

Die Begegnung und der Umgang mit Kindern, deren geistig-seelische Entwicklung nicht auf den vertrauten Wegen verläuft, sondern krankhaft beeinträchtigt ist und keine freie Entfaltung erlaubt, ruft eine Fülle von Fragen nach dem Menschsein überhaupt auf. Das Wunder jeder gesunden Entwicklung wird uns dadurch erst lebhaft vor Augen geführt und die Suche nach einem Menschenbild angeregt, das uns Antwort darauf gibt, wie wir eine Lebenssituation außerhalb der "Norm" verstehen können. Deshalb ist es so verständlich, wenn man in den verschiedensten Veröffentlichungen zur Heilpädagogik immer wieder dem Hinweis begegnet, daß doch ein weltanschauliches Engagement zu ihr gehört. Darin spricht sich schon aus, daß die gängigen Vorstellungen offensichtlich unzulänglich sind. Die Normvorstellung ist schon ein erstes Hindernis. Gewonnen an den leiblichen Erscheinungen und den organischen Abläufen, bei denen die Unterscheidung von normal und abnorm am meisten berechtigt ist, wird es immer schwieriger, wenn wir die seelischen und die individuellen Charakteristika eines Menschen in Normen fassen wollen. Wir haben wohl auch diesen Seiten gegenüber die unmittelbare Empfindung der Unterscheidung von gesund und krankhaft, aber doch in einer ganz anderen Art des beweglichen Zusammenspiels von nicht fixierten Kräften. Solange wir aber das Seelenleben als ein Ergebnis der leiblichen Funktionen ansehen, deren Übergang vom Körperlichen zum Seelischen uns zwar rätselhaft bleibt, aber doch in dieser Richtung der Abhängigkeit vorgestellt wird, kommen wir über ein Hindernis nicht hinweg. Es geht uns dabei meist so: Wir beobachten die Entstehung und das Wachstum des kindlichen Körpers, verfolgen und messen Gewicht, Größe und Proportionen, studieren den Kreislauf, die Atmung, den Stoffwechsel und die Funktionen des Nervensystems und erfahren dann eigentlich unabhängig davon, höchstens in der Parallelität, die seelische Entfaltung, den Kontakt, das Erkennen, die Sprache, das Denken und die Reifung zur Individualität. Das Leibliche wird als primär angesehen. Hier haben wir auch wissenschaftlich unsere sichere Basis. Die seelischen Erscheinungen werden als Folge und Ergebnis organischer Abläufe betrachtet. Hier betritt die Wissenschaftlichkeit einen weichen Boden.

Wir haben gelernt, daß Lebendiges nur aus Lebendigem, Organisches nur aus Organischem entstehen kann. Nach dieser uns heute ganz geläufigen Tatsache, die vor wenigen Jahrhunderten noch umwälzend war, liegt eigentlich die Einsicht nahe, daß Seelisches nur aus Seelischem und Geistiges nur aus Geistigem hervorgehen kann. Wenn man sich diesem Gedanken öffnet, aber an der Vorstellung der Abhängigkeit vom Organischen festhält, wird man dem völlig anders gearteten und offensichtlich übergeordneten Charakter der seelischen und geistigen Qualitäten nicht gerecht. Diese können nicht aus den leiblichen Zusammenhängen entstehen, sondern sich allenfalls derer bedienen. Da sie aber der direkten sinnlichen Wahrnehmung nicht zugänglich sind, kann uns hier die Geistesforschung zu erweiterten Erkenntnissen verhelfen, die an sich naheliegend und einleuchtend sind, nur erfordern sie eine völlige Umkehr unserer gewohnten Anschauungen.

Versuchen wir uns diese Umkehrung in ihrer ganzen Tragweite vor Augen zu führen, denn sie ist ein entscheidender Schritt zur Anthroposophie und liegt in der Frage, ob wir der materiellen und sinnlich faßbaren Welt oder der geistigen das Primat zuerkennen. Die Entscheidung liegt nicht in einer allgemeinen Anerkennung des geistigen Vorranges, etwa in der Ansicht: wahrscheinlich komme er ihr wohl zu, aber wissenschaftlich erforschbar sei nun doch einmal nur die Sinneswelt, deshalb müsse man, soweit man etwas Sicheres wissen wolle, bescheiden dabei bleiben. Die Anerkennung ist nur sinnvoll mit dem Willen, den Weg zur Durchdringung der Welterscheinungen aus geistigen Aspekten zu beschreiten. Das klingt anspruchsvoll und ist es auch, kann aber in Bescheidenheit geschehen. Im übenden Ergreifen und im Studium geisteswissenschaftlicher Erkenntnisse kann uns der geistige Weltenzusammenhang bis zu den konkreten Lebensfragen evident werden. Die behinderten Kinder in der Heilpädagogik sind eine solche konkrete Lebensfrage.

Dazu finden wir zu Beginn des Kurses die Beschreibung, wie kosmische Seelenkräfte den Leib gestalten. Der Körper als Instrument des Geistig-Seelischen gehört zu den Wirkungen und ist nicht Ursache. Die geistige Individualität des Menschen, umkleidet mit den kosmischen Seelenkräften, schafft sich die Möglichkeit für die Erdeninkarnation. Diese Seelenkräfte bilden das "eigentliche Seelenleben", das nicht sichtbar für das irdische Bewusstsein hinter den erlebbaren seelischen Erscheinungen steht und sich des Vererbungsleibes "bemächtigt", um ihn zum eigenen Werkzeug aufzubauen. In einem Eröffnungsvortrag zu einer heilpädagogischen Tagung hat Rudolf Grosse die kosmischen Seelenkräfte in Gestalt des kosmischen Denkens, kosmischen Fühlens und kosmischen Wollens eindrucksvoll als die drei "Magier" beschrieben, die aus der übersinnlichen Welt die Leibesgestaltung bewirken.

Also Seelenkräfte bilden die Organisation, die dadurch fähig wird, unsere alltäglichen Seelenregungen und -erscheinungen zu ermöglichen "wie in einer Spiegelung". Die leibschaffenden Seelenkräfte müssen in der Lage sein, eine gesunde Organisation für ein gesundes Seelenleben zu konstituieren. Das hängt mit dem Schicksal aus den vorangegangenen Erdenleben zusammen. Die Individualität findet nach den mitgebrachten Voraussetzungen günstige oder ungünstigere, für sie aber auf jeden Fall konsequente Möglichkeiten für diese ihr entsprechenden Kräfte, die sich ihrerseits mit dem Vererbungsleib verbinden, der auch nach karmischen Gegebenheiten gewählt wird. Es sind Erfahrungen und Intentionen aus früheren Erdenleben, die der Mensch für die Fähigkeit zum Leibesaufbau gewonnen haben muss. Jetzt könnte man vermuten, daß damit die alte Vorstellung von Schuld und Sühne wieder auflebt, wie sie z.B. als Schuld der Eltern gegenüber mangelhaft veranlagten Kindern noch heute angetroffen wird. So oberflächlich darf man sich die Schicksalszusammenhänge nicht denken. Die Individualität sucht sich eine Aufgabenstellung für die zukünftige Inkarnation, bei der sie frühere Schicksalsknoten auszugleichen sucht und auf die gewonnenen Ergebnisse vorangegangener Erdenleben angewiesen ist. Das geschieht aus einer größeren Überschau, man könnte auch sagen objektiver, als es unsere landläufigen Anschauungen von Schuld und Sühne sind. Rudolf Steiner gibt als Beispiel, daß in einem Zivilisationszeitalter Menschen dauernd eingesperrt gehalten wurden und so kein Interesse für die Aussenwelt bekommen konnten. Das braucht nicht auf eigener Schuld zu beruhen. Aber sie haben dadurch nicht die Kenntnisse für den Leibesaufbau erworben, denn diese werden im Umgang mit der Welt gewonnen. So können sie sich aus Unkenntnis keine gesunde Organisation schaffen. An anderer Stelle bringt er den Vergleich mit der Uhrreparatur: Jemand, der an sich gescheit ist, aber nie gelernt hat, eine Uhr zu reparieren, scheitert bei dem Versuch aus "Mangel an Beherrschung der Möglichkeiten". Dann gibt es auch die Beschreibung, daß geniale Persönlichkeiten, die aufgabenreiche Inkarnationen durchgemacht haben, sich eine "Trottelinkarnation" als eine Art Ruheinkarnation suchen, um einmal ganz andere Erdenerfahrungen zu machen. Hier haben wir einen durchaus positiven Aspekt.

Versuchen wir uns klarzumachen, welche Änderung diese Anschauungen für die Beurteilung eines entwicklungsgestörten Kindes bringen. Einerseits haben wir, nach der üblichen Vorstellung, die biologische Entgleisung und die Frage nach dem Wert einer solchen Existenz, andererseits die intakte Geistgestalt und die Lebensaufgabe unter besonderen Bedingungen. Einerseits treffen wir die Beurteilung nach den äußeren seelischen Erscheinungen, andererseits finden wir die Möglichkeit, nach den tieferliegenden Ursachen im Aufbau des Leibes zu forschen. Auch der Anteil der Vererbungskräfte wird auf einen begrenzten Platz gewiesen. Sie liefern das Modell, das die Individualität sich in der Zeit bis zum Ende des Zahnwechsels zum eigenen Organismus umgestaltet. Je nach Güte des Modells und der Gestaltungskraft der Individualität kommt nach dieser Zeit eine stärkere oder schwächere Eigenprägung des "Menschenpersönlichkeitskörpers" heraus. Wesentlich ist dabei die gewichtige, primäre Wirksamkeit der Individualität, die auch bei der schwersten Behinderung nicht in Frage gestellt werden kann. Das ist heute das grosse Problem und die Diskrepanz bei der Beurteilung einer sogenannten geistigen Behinderung: Man will diese Menschen trotz aller Schwächen in ihrer Vollmenschlichkeit anerkennen, aber unsere Wissenschaftlichkeit als maßgebliche Urteilsbasis bietet dafür keine Grundlage. Mit dem geisteswissenschaftlichen Menschenbild unter dem Primat der Individualität öffnet sich ein neuer Zugang zu dieser Frage.

Der polare Aufbau des Organismus

Das "eigentliche Seelenleben", das durch die wiederholten Erdenleben geht und unsichtbar hinter den seelischen Erlebnissen und Äußerungen steht, darf nicht als das Unbewusste oder Unterbewusste angesehen werden, das in der Psychologie und durch die Psychoanalyse die bekannte Bedeutung bekommen hat. Alles, was unterbewusst ist - ganz unabhängig von solchen Theorien -, müssen wir noch zum vordergründigen Seelenleben rechnen, das an die Spiegelungsfähigkeit des Organismus gebunden ist. Nicht alles davon wird uns auch bewusst. Das eigentliche Seelenleben steht dahinter und macht den Leib zum Spiegelungsapparat. Das geschieht nicht nur in der Zeit der Leibesentwicklung. Durch das ganze Leben wirkt es in das Organische hinein, im Wachen wie im Schlafen. So wie die Lebensprozesse aufrecht erhalten werden müssen, muß auch die Seelenfähigkeit dadurch erhalten werden, daß das dauernde Seelenleben in der Organisation wirkt. Die Frage, wie es darin wirkt, führt uns zum polaren Aufbau des Organismus. Hier wird das durchgehende Thema des Kurses zum ersten Mal angeschlagen.

Damit bleibt die Idee, daß das Seelische das Leibliche bedingt, nicht eine allgemeine Vorstellung. Sie wird in die Funktionen hinein konkretisiert und bringt einen ganz neuen Einblick, inwiefern der Körper vom Scheitel bis zur Sohle seelenwirksam ist. Sie erweitert auch das uns geläufige naturwissenschaftliche Menschenbild, nach dem letztlich nur das Zentralnervensystem als Organ der menschlichen Seele angesehen wird, allenfalls noch die innere Sekretion (Schilddrüse, Keimdrüsen) eine engere Beziehung dazu hat, während den übrigen Organen nur die metabolischen Zubringerdienste und die zweckgerichteten Hilfen zuerkannt werden. Die Tatsache, daß allein das Nervensystem uns ein *Bewußtsein* von Seelischem ermöglicht, besagt nicht, daß es auch allein die Grundlage des Seelenlebens ist.

Das Ineinanderwirken von Seele und Körper ist uns von Rudolf Steiner als Idee der Dreigliederung bekannt, von der er hier ausgeht: das Nervensinnessystem als Grundlage für das Denken, die rhythmischen Organe für das Fühlen und das Stoffwechselgliedmaßensystem für das Wollen. Dieser Dreigliederungsgedanke, der auf den ersten Blick so einfach anmutet, ist eines der wichtigsten Forschungsergebnisse Rudolf Steiners, an dem er bis zur Veröffentlichung im Jahre 1917 dreißig Jahre gearbeitet hatte. Man könnte diese Idee als den "Stein der Weisen" für unsere Zeit bezeichnen, denn sie ermöglicht, aus dem Menschenbild heraus die Gesetzmäßigkeiten für eine "menschengemäße" Gestaltung unserer Welt bis in die sozialen Zusammenhänge zu entwickeln. Die drei Systeme sind nicht gleichartige, getrennte Funktionskreise, die in separate Kästchen gehören, sie sind sich durchdringende Qualitäten, allein gar nicht existent im Erdenleben, eine Einheit in der Drei. Darin nimmt das mittlere, rhythmische System eine Sonderstellung ein, indem es zwischen den beiden anderen entsteht, gleichsam als Steigerung aus der Wirksamkeit der beiden Pole aufleuchtet und das Zentrum der Innerlichkeit des Menschen bildet: sein Fühlen.

Erkennend-denkend kann er sich "objektiv" distanzieren, fühlend ist er "subjektiv" engagiert.

Das rhythmische System hat also das Zusammenwirken der beiden anderen Systeme von oben und unten zur Voraussetzung. Sie sind die beiden Pole, aus denen der Organismus in seinen Funktionen entgegengesetzt aufgebaut und ineinandergeschoben ist und nun ständig das Gleichgewicht finden muss. Kommt dieses Gleichgewicht zustande, dann haben wir die Grundlage für eine ungehinderte seelische Entfaltung, ist es aber gestört, so wird der Mensch von den dominierenden oder mangelnden Organfunktionen determiniert.

Da wir es in der Heilpädagogik mit solchen Ungleichgewichten zu tun haben, die meist von Geburt her aus krankhafter Konstituierung der Organe resultieren, richtet sich der Blick auf den polaren Aufbau im Mittelpunkt des Kurses.

Das rhythmische System kann von sich aus nicht krank sein. Es ist gestört, wenn die beiden Pole nicht richtig zusammenwirken. Die Diagnose einer Schwäche im rhythmischen System bei einem entwicklungsgestörten Kind wird meist zutreffend sein, nur stellt sich sofort die Frage, durch welche Einseitigkeit an den Polen sie bedingt ist.

Der Unterschied zwischen Pädagogik und Heilpädagogik bekommt damit eine Begründung. An sich besteht kein prinzipieller Unterschied. Aber beim gesunden Kind können wir viel mehr an das rhythmische System appellieren. Deshalb spielt es in den Darstellungen für die Waldorf-Pädagogik eine grosse Rolle. Dabei kommt uns vom Kind ein reicher Strom von gesundem Fühlen entgegen, in den wir unsere erzieherischen Bemühungen hineingestalten können. Bei einer abnormen Entwicklungssituation fehlt dieser Strom. Wir müssen erst daran arbeiten, daß das rhythmische System zur Entfaltung kommt und sich die Kinder mit unseren Anregungen gefühlsmäßig verbinden können. Ein großer Teil der heilpädagogischen Bemühung ist darauf gerichtet, erst einmal das Interesse zu wecken, was nicht in erster Linie mit dem Kopf, vielmehr mit der Mitte zusammenhängt. Etwas pointiert könnte man sagen: Die Pädagogik arbeitet mit dem rhythmischen System, während die Heilpädagogik auf seine Entfaltung gerichtet ist. Da aber auch bei gesunden Kindern die Mitte nicht ideal funktioniert, sondern feineren Beeinflussungen der Kopf- oder Stoffwechsellastigkeit unterliegt, ist auch ihre Erziehung auf den Ausgleich gerichtet. Darin liegt das heilende Element aller Pädagogik.

Für uns gilt es, den polaren Aufbau richtig zu verstehen. Das führt uns einen Schritt vor die Dreigliederung zurück. Etwas abstrakt kann man es vielleicht so ausdrücken: wir machen bei der Inkarnation den Schritt von der

1 zur 2 zur 3, von der Individualität zum polaren Aufbau (Polarität) und von dort zur Dreigliederung (Steigerung). Deshalb können wir den Organismus auf der 2. Stufe ganz unter der Polarität anschauen, natürlich nicht als zeitliche Phase, sondern als Funktionsaspekt. Unter diesem Aspekt steht der Kopf als Kopfsystem dem übrigen Organismus gegenüber. Im Haupt sind, wie wir aus anderen Darstellungen Rudolf Steiners wissen, die Vergangenheitskräfte repräsentiert. Es ist das Alte, während der übrige Organismus neu angegliedert auf die Zukunft gerichtet ist und einmal die Kräfte für die Hauptesgestaltung in einem kommenden Leben bilden wird, die wir durch die Arbeit mit unseren Gliedern auf der Erde geschaffen haben. So geht der Weg durch die Inkarnationen, und es ist naheliegend, daß für die Erfassung der Schicksale in der Heilpädagogik der Blick über ein Erdenleben hinaus wesentlich ist.

So wie Vergangenheit und Zukunft sich gegenüberstehen, finden wir die verschiedensten verwandten Gegensatzpaare von beiden Polen her wirksam. Im 1. Vortrag des Kurses ist es das zusammenfassende, *synthetische* System des Hauptes mit dem Gehirn, das dem gliedernden, *analytischen* System der übrigen Organe gegenübergestellt ist. Jedem getrennt auftretenden Organprozess entspricht ein Prozess im Haupte, wo mit der Synthese ein Abbau verbunden ist als Grundlage für das Denken, während die aufbauenden Funktionen des analytischen Systems dem Willen zugrunde liegen. Im 5.Vortrag wird die dualistische Gestaltung grundlegend im Zusammenhang mit den Wesensgliedern[4] behandelt. Dort werden die beiden polaren Gestaltungen wie *zwei Wesen* beschrieben, die die obere und die untere Organisation aufbauen. Oben liegt die Ich-Organisation zentral, umkleidet von Astralleib, Ätherleib und physischem Leib, unten umschließt sie peripher Astralleib, Ätherleib und physischen Leib, der das Zentrum bildet. Dies, zunächst in zwei Kreisen aufgezeichnet, konfiguriert Rudolf Steiner für das Haupt als einen nach unten offenen Kreis, dessen zentrales Ich nach unten verlängert ist, und für das Stoffwechsel-Gliedmaßensystem nach oben offen in die Rumpfgestaltung mit Armen und Beinen (siehe Skizze 1, III. Stufe). Zwischen dem Kopfpol für das Denken und dem Stoffwechsel-Gliedmaßenpol für das Wollen "entsteht" jetzt vom Kopf über die Atmung, vom Stoffwechselpol über den Pulsschlag des Herzens, nicht als einfaches Ergebnis, sondern als eigene, neue Qualität, das rhythmische System, die "Mitte" für das Fühlen.

Wir gewinnen dadurch ein ganz neues Bild, inwiefern der Leib Instrument der Seele ist. Die Seelenfähigkeiten quellen nicht einfach aus der Leiblichkeit, sie treten auch nicht auf mysteriöse Weise unabhängig von ihr auf. *Auf Resonanz ist unser Organismus aufgebaut.* Oben und Unten stehen in Wechselwirkung, jedes Geschehen an einem Pol hat seine Korrespondenz am anderen, jeder Schwingung entspricht eine Vibration auf der Gegenseite. Wie ein Musikinstrument die Töne zur Erscheinung kommen läßt, indem es nach musikalischer Gesetzmäßigkeit gestaltet und das Material ihr untergeordnet ist, bringt unsere Leiblichkeit das Seelische in die Erscheinung. Das polare Kräftefeld von Form- und Substanzkräften tritt in seiner Eigengesetzmäßigkeit wie das Material eines Musikgerätes zurück und dient der Seele.

Die zwei entgegengesetzten "Wesenheiten", die mit der Vermittlung des rhythmischen Systems unseren Organismus bilden und die Rudolf Steiner als Ausgangspunkt für die anschliessend besprochenen Störungsmöglichkeiten kurz und prägnant darstellt, möchte man immer besser verstehen lernen, da sie zum Hauptthema des Kurses gehören. Ich möchte eine Illustration dazu versuchen, wie man sich die zwei verschiedenen "Griffe" des Ich bei der Inkarnation vorstellen kann, wenn es die Wesensglieder ergreift. Denken wir uns dazu die astrale, ätherische und physische Sphäre als Ebenen, in denen sich das Ich durch die nach zwei Seiten hin ausgebildete Ich-Organisation mit diesen Hüllen verbindet, also zuoberst die astrale, anschliessend die ätherische und darunter die physische Ebene. Dann kann man sich die entgegengesetzte Gestaltung wie folgt veranschaulichen:

1. für das Haupt bleibt die Ich-Organisation zentral ein Punkt, steigt durch die Ebenen und umkleidet sich aus ihnen zuerst mit dem Astralleib, dann mit dem Ätherleib und außen mit dem physischen Leib. Nachher stellt sie sich durch eine Wendung mit den Umkleidungen dem Kosmos (Erdenhimmel) gegenüber als das von der Schädeldecke umschlossene Haupt. Es ist wie ein Kopfsprung durch die Hüllen und ein Auftauchen mit den Umkleidungen als bewusster Mensch.

2. für den Stoffwechsel-Gliedmaßenpol, der aus den kosmischen Weiten zusammengezogen wird, macht der andere Teil der Ich-Organisation einen anderen Griff. Er bleibt peripher und nimmt die drei Wesensglieder wie in einer Umarmung in sich hinein, so daß sie in umgekehrter Reihenfolge nach innen zu liegen kommen. Eine Skizze soll das veranschaulichen (Skizze 1).

Dabei kann man auch an eine andere Beschreibung Rudolf Steiners in der "Allgemeinen Menschenkunde"[5] denken, wie der Kopf von innen her durch zentral ausstrahlende Kräfte gestaltet wird, während die Glieder von außen herangetragen und wie ein Handschuh aufgestülpt werden.

Das Ich lebt in Gleichgewichten und bildet sich aus seiner Sicht den polaren Aufbau des Organismus zur Waage, nur muß man sich eine solche vorstellen, an der nicht gleiche Gewichte nach unten ziehen, sondern wo Kräfte von innen nach außen und von außen nach innen im Gleichgewicht gehalten werden (siehe Skizze 2), wobei bildlich gesprochen die "Last" einer Seite

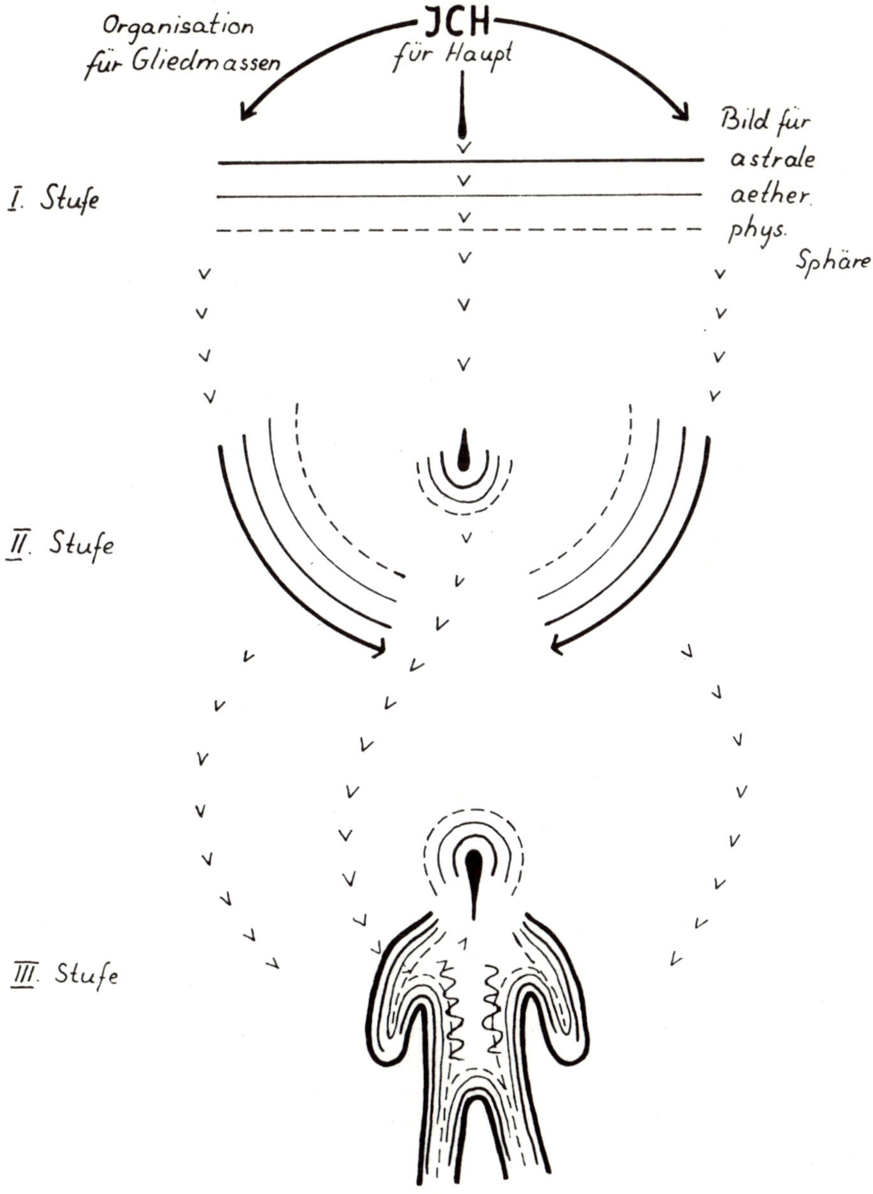

JCH
Organisation
für Gliedmassen
für Haupt
Bild für
astrale
aether.
phys.
Sphäre
I. Stufe
II. Stufe
III. Stufe

durch einen "Auftrieb" der anderen ausgeglichen wird. In dieser Waage hat sich das Ich als rein geistige Entität inkarniert und kann sich dem Erdenleben gemäß frei entfalten, wenn sie gut ausbalanciert ist. Durch Störungen des Gleichgewichtes wird es an der freien Entfaltung gehindert. Da die Störungen mit Ungleichgewichten an den Polen zusammenhängen, verstehen wir, daß wir im Kurs nicht einzelne Krankheitsbilder aneinandergereiht finden, sondern Gegensatzpaare. Das Gleichgewicht kann immer nach der einen oder anderen Seite hin verschoben sein, eine Seite zu stark oder zu schwach, zu dicht oder zu durchlässig, zu fest oder zu locker werden. Das Menschenbild unter Betonung seiner polaren Gliederung wird damit für den Heilpädagogen zum wichtigen Ansatz für seine Arbeit. Dem geisteswissenschaftlichen Charakter solcher Erkenntnisse entsprechend ist es nicht damit getan, daß man sie einmal begriffen und seinem Wissen einverleibt hat. Sie werden von Rudolf Steiner in die Form einer meditativen Übung gebracht, die als Erziehermeditation im Zentrum der letzten Vorträge steht.

Anthroposophie ist ihrem Wesen nach nicht eine Summe bestimmter Erkenntnisinhalte, sondern ein *Erkenntnisweg*, der durch Übung in der Meditation beschritten wird. Das bildet die Grundlage aller Darstellungen Rudolf Steiners. Im Ruhen auf meditativen Inhalten erweitert sich die Erkenntnis*fähigkeit* und führt dazu, die geisteswissenschaftliche Menschenkunde zum Quell eigenen schöpferischen Handelns in der konkreten Situation werden zu lassen. Im Kurs beeindruckt uns, wie aus dem Aufbau der menschlichen Organisation der Inhalt der Erziehermeditation von *Punkt und Kreis* geschöpft wird. Kurz zusammengefaßt, was im Kurs sehr lebendig und mehrfach mit verschiedenen Ansätzen dargestellt wird, soll ein gelber Punkt, umgeben von einem blauen Kreis, in der Vorstellung überwechseln in einen blauen Punkt mit einem gelben Kreis. Sie sind eines und dasselbe. Einmal ist der Punkt ein Punkt und der Kreis ein Kreis, dann wird der Punkt zum Kreis und der Kreis zum Punkt. Es wird etwas scheinbar Paradoxes von uns erwartet: wir sollen ganz innerlich verstehen, daß ein Punkt ein Kreis, ein Kreis ein Punkt sein kann. Nach allem, was uns als menschenkundliche Betrachtung zu dieser Meditation geführt hat, haben wir den Einblick gewonnen, wie das Ich oben ein Punkt und unten ein Kreis ist, daß wir das Gleiche nur aus zwei Weltenrichtungen anschauen. In der Kopforganisation ist der Punkt ein Punkt, umgeben von den übrigen Wesensgliedern, im Stoffwechsel-Gliedmaßen-System ist dieser Punkt ein Kreis, die Wesensglieder umhüllend. Unter dem Ich-Aspekt sind Punkt und Kreis dasselbe. Wir bringen damit auf die Grundkräfte zurück, was in der Erscheinung eines entwicklungsgestörten Kindes durch die Ungleichgewichte erschwert ist. Es ist eine Übung, die immer wieder neu ergriffen werden muß und nie zu einem Schlußpunkt kommt.

So deutlich uns die Ich-Orientierung in dieser Meditation werden kann, so hilfreich ist sie offensichtlich auch für die Erfassung des Ätherleibes. In einem Vortrag vom 20. April 1923[6], den Rudolf Steiner öffentlich gehalten hat, an dem aber viele Lehrer teilnahmen, die gerade zu einem Kurs eingetroffen waren, gibt er eine sehr verwandt anmutende Übung, die zur Anschauung des Bildekräftemenschen führen soll. Es geht darum, ein Rot in der Mitte umgeben von einem grünen Ring zu empfinden und dann das Rote sich schnell ausdehnen, das Grüne sich zum Kern zusammenziehen zu lassen. Das weiter rasch wechselnd: roter Kern - grüner Ring, grüner Kern - roter Ring usw. Zwar handelt es sich hier nicht um Punkt und Kreis, denn es sind Farbflächen beschrieben, aber wenn er im Heilpädagogischen Kurs vom Schlüpfenlassen des Kreises in den Punkt und vom Dehnen des Punktes zum Kreis spricht, erlebt man die Verwandtschaft der beiden Übungen. Da er auch immer auf den mangelhaften Ätherleib der betroffenen Kinder hinweist, liegt diese Beziehung nahe.

Heilende Erziehung und heilpädagogische Maßnahmen

Wenn ein Kind mit einer Behinderung in der geistig-seelischen Entwicklung geschult werden soll, geht man meist davon aus, ihm in ähnlicher Art das beizubringen, was auch ein gesundes Kind lernt; nur geschieht es langsam, mühsam, unter Verzicht auf Abstraktion, dafür mit Betonung des Anschaulichen, Konkreten und Praktischen. Man sieht die Grenzen, die gegeben sind, und bemüht sich, das Kind im Rahmen seiner Möglichkeiten zu fördern. Wir versuchen es *trotz* der Behinderung durch langes Üben und angepasste Einfachheit. So berechtigt dieses Anliegen ist, hat es noch keinen heilpädagogischen Charakter im engeren Sinne. Deshalb ist das Wort "Heilpädagogik" in den letzten Jahren sehr in die Diskussion geraten. Es klingt zwar sehr sympathisch, aber man fragt sich, wo denn nun die Heilung liegt, wobei Heilung als Normalisierung aufgefaßt wird. Weil man dem Anspruch einer "Heilpädagogik" gegenüber die Ohnmacht fühlt, möchte man sich von dem Wort trennen und spricht heute von "Sondererziehung" und "Geistig-Behinderten-Pädagogik". Der Leistungsanspruch, den man in der Pädagogik sieht, verträgt sich nicht mit den Vorstellungen von Therapie.

Die Therapie hat sich in der Form der Psychotherapie von der Pädagogik getrennt und wird in Sondersitzungen vom Psychiater oder Psychologen geübt. Sie ist sicher bei schwierigen seelischen Störungen notwendig, wird aber heute zu häufig eingesetzt. Als Modeströmung wird von ihr zuviel erwartet. Die Trennung von Therapie und Pädagogik geht zu weit. Sie führt zu einer übermässigen Therapiegläubigkeit bei den Pädagogen, weil ihnen dieses Gebiet verschlossen ist, und zu einer Einschränkung ihrer eigenen Möglichkeiten.

Auf anthroposophischer Grundlage bekommen wir eine Vorstellung von heilender Pädagogik, denn alle Pädagogik, auch beim gesunden Kind, hat nach geisteswissenschaftlicher Menschenerkenntnis einen heilenden Charakter. Sie ist entwicklungsorientiert und auf die individuellen Gegebenheiten des einzelnen Kindes gerichtet. Nur mit Hilfe des erwachsenen Menschen, in der Erziehung, kann sich das Kind zum vollwertigen Menschen entwickeln. Ohne menschliche Umgebung kommt es nicht zu dieser Entfaltung. Dafür gibt es die Beispiele der Wolfskinder in Indien und des "Wildkindes von Aveyron", das durch den Arzt Jean Itard sehr sorgfältig studiert und beschrieben wurde. Die Wirkung des Erziehers auf das Kind ist nicht eine allgemeine, sondern unterliegt einer Gesetzmässigkeit, die Rudolf Steiner im 2. Vortrag des Heilpädagogischen Kurses darstellt: *Auf die Wesensglieder des Kindes wirkt jeweils das nächsthöhere Wesensglied des Erziehers,* also sein Ätherleib auf den physischen Leib des Kindes, sein Astralleib auf den kindlichen Ätherleib, sein Ich auf den Astralleib und für das Ich des Kindes ist es sogar das Geistselbst des Erziehers, das noch gar nicht individuell entwickelt ist, aber doch in dieser Gesetzmässigkeit wirksam wird und uns eine Ahnung davon gibt, mit welchen Geheimnissen das Erziehungswesen verbunden ist. Die Entwicklung des Kindes zum selbständigen Menschen unterliegt diesem "Pädagogischen Gesetz", nach dem jede junge Generation von der älteren ins Erdenleben geführt wird. Damit schauen wir in die objektiven Hintergründe dieses wichtigen sozialen Geschehens. Bei jedem gesunden Kind sind auf diesem Wege schon Einseitigkeiten auszugleichen, Temperamentsunterschiede und Konstitutionsgegebenheiten zu berücksichtigen. Das zeigt den fließenden Übergang von der Pädagogik zur Heilpädagogik.

Aber von Heilpädagogik sprechen wir erst bei krankhaften Entwicklungsschwierigkeiten, und die Maßnahmen bekommen eine bestimmte Ausrichtung.

Zunächst werfen wir noch den Blick auf einen generellen Aspekt. Die ausgeprägten abnormen Entwicklungen beruhen zumeist auf einem mangelhaft ausgebildeten Ätherleib. Deshalb ist unter dem pädagogischen Gesetz die Wirkung des Astralleibes vom Erzieher auf diesen Ätherleib von besonderer Bedeutung. Die Selbsterziehung des Heilpädagogen im Hinblick auf seinen Astralleib steht deshalb vor allen seinen pädagogischen Maßnahmen.

Für solche Maßnahmen, die einen wirklichen therapeutischen Charakter haben, finden wir im Kurs eine Reihe von Ratschlägen. Sie sind gegen ganz bestimmte Schwierigkeiten gerichtet und aus dem Durchschauen der jeweiligen Störung gewonnen. Dabei überrascht uns die Einfachheit und die Originalität. Da sie als Therapie gegen eine Einseitigkeit gerichtet sind, handelt es sich nicht um harmonisierende Maßnahmen; sie haben ebenfalls etwas Einseitiges und könnten bei einem anderen Kind, bei dem keine derartige Störung vorliegt, als unpädagogisch empfunden werden. Aber damit kommen wir zu einer wirklichen Heilpädagogik. Wir wollen einige Beispiele betrachten und hoffen, daß diese Seite des Kurses noch augenfälliger wird, wenn wir sie so hintereinander aufführen.

1. Bei der Besprechung der kindlichen Hysterie, wo es sich um ein Ausrinnen von Astralität oder der Ich-Organisation aus einem Organ oder Organkomplex handelt, sagt R. Steiner, daß hier didaktische Methoden ausgebildet werden müssen (im Gegensatz zu der vorher dargestellten Epilepsie, wo andere Einwirkungen nötig sind). Bei der Empfindlichkeit dieser Kinder muß der Erzieher jede unbewußte Schockwirkung vermeiden, die verheerend auf die wie offen liegende Seele wirkt, aber dafür in der Lage sein, mit vollem Bewußtsein Schockwirkungen hervorzurufen. Aus einer eigenen, sehr gefaßten Seelenlage des Erziehers, die dem Kind einen Halt gibt, soll er das Kind durch Änderungen des Tempos im Unterricht gleichsam "schockieren", also ganz bewußt einmal treiben, dann wieder bremsen. Dadurch soll es seine Ängstlichkeit durch das Wundsein beim Anstoßen an die Umwelt überwinden. Das Hin- und Herpendeln zwischen dem Ausfließen, das mit einem Wohlgefühl verbunden ist, und dem schmerzhaften Anstoßen und Zurückzucken an der Umgebung, wenn es zum Tun kommen soll, wird dadurch konsolidiert. Hier haben wir ein Beispiel für eine wirklich pädagogisch-therapeutische Maßnahme, die aus dem Durchschauen des Krankheitsprozesses gewonnen und einleuchtend ist. Die Tempoänderung im Unterricht kann man sich wie eine Massage des labilen Astralleibes mit Spannung und Lösung vorstellen. Am Halt des Erziehers kann sich das Kind mit seiner Seele innerlich anlehnen und mit dem geführten Tempowechsel mitgehen, statt sich dem pathologischen Pendeln

auszusetzen; aber das Kind wird dadurch bewusst schockiert, denn wenn es sich gerade an das eine Tempo gewöhnt hat, kommt das entgegengesetzte. Nach üblichen pädagogischen Vorstellungen kann man selbst schockiert sein von der Idee, ein Kind unterrichtlich zu treiben und zu bremsen. Aber darin liegt die therapeutische Note, die bei solchen Erscheinungen nicht einfach harmonisierend, sondern regulierend und konsolidierend sein muss. So einfach der Vorschlag zunächst scheint, stellt er an den Pädagogen erhebliche Anforderungen. Wenn man dabei auch an eine besonders kleine Schulgruppe denkt, gehört ein großes Maß an gelassener Bewußtheit und Konsequenz dazu, so etwas über lange Zeit durchzuführen. Es kann ja nicht einfach "gemacht", sondern muß beim Lehrer zu einer Fähigkeit werden, die in der Vorbereitung auf die Arbeit mit dem Kind ihre Wurzel hat und dann im richtigen Moment einsetzen muß. Hier weist Rudolf Steiner auch darauf hin, daß es mit der bloßen Teilnahme an der Traurigkeit oder Verstimmtheit des Kindes nicht getan ist, sondern der Trost eben darin liegt, daß man dem Zustand innerlich gewachsen ist und die Handlungen des Kindes mit der eigenen Bewegung begleitet, "seelisch in der Nachbarschaft streichelnd begleitet". Dabei kann man davon durchdrungen sein, daß das Krankheitssymptom eigentlich etwas Wunderbares und Interessantes ist.

2. Zwei andere pädagogisch-therapeutische Ratschläge finden wir im 5. Vortrag für die schwefelreichen und schwefelarmen Kinder.

Bei reichem Schwefelanteil im Eiweiss der unteren Organisation werden die Eindrücke zu stark eingesaugt und absorbiert und können dadurch in der Erinnerung nicht heraufgeholt werden. Die Beschreibung dieser Tatsache aus der geisteswissenschaftlichen Forschung gibt einen Einblick in den Zusammenhang von psychischen Erscheinungen mit den Substanzprozessen im Organismus, eine heute noch höchst ungewöhnliche Vorstellung, aber charakteristisch für die anthroposophische Erkenntnis des Ineinanderwirkens von Seelischem und Körperlichem. Die Kinder, die in ihrem Erscheinungsbild ausführlich beschrieben werden (blond bis rothaarig, pigmentarm), wirken dabei äusserlich apathisch, sind aber innerlich aufgeregt durch die sich versteifenden, im Unterbewusstsein herumgeisternden Eindrücke und werden melancholisch und depressiv. Zur Behandlung gibt Rudolf Steiner auch diätetische Maßnahmen an, aber uns interessiert hier besonders, was man pädagogisch dabei macht.Da sich die Absorption meist auf eine bestimmte Art von Eindrücken mit typischem Charakter bezieht, muss man einen entsprechenden Eindruck für das Kind finden, den man als einen Spruch oder Satz immer wieder rhythmisch an es heranbringt. Aber man muss den richtigen Einfall dafür bekommen. Im Kurs als Beispiel ist es der Satz "Die Sonne bescheint den Berg", den man jeden

Morgen dem Kinde sagt. Wenn das rhythmisch über längere Zeit gepflegt wird, führt das zu einer Entlastung des Schwefligen. Nicht das Bewusstmachen eines versunkenen Eindruckes, wie man es sich nach psychoanalytischer Methode vorstellen könnte, sondern das rhythmische Herantragen einer anschaulichen Vorstellung über längere Zeit entlastet den Schwefelsumpf, in dem sonst die Eindrücke gefangen gehalten werden und "legt dadurch das Innere frei". Die starken Eindrücke von oben regen das Schwache im unteren Organismus zu stärkerer Tätigkeit an.

Entgegengesetzt ist das Bild der schwefelarmen Kinder (dunkelhaarig, pigmentreich) und somit auch die Art der Maßnahmen. Das untere System ist schwach durch zu wenig Schwefel im Eiweiß. Die Eindrücke haben keine Möglichkeit, einen Halt zu finden und werden sofort zurückgestrahlt. Man kann sie sich wie Ping-Pong-Bälle vorstellen, die auf eine harte Unterlage aufprallen (während sie beim vorangehenden Beispiel im Schwefelbett versanken). Die reflektierten Eindrücke werden zu Zwangsvorstellungen, in denen das Kind gefangen bleibt. Auch hier werden nach der ausführlichen Schilderung der Erscheinungen die Hilfen durch eine geeignete Ernährung beschrieben. Die uns hier besonders interessierende pädagogische Therapie liegt im flüsternden Auflösen der Zwangsvorstellungen. Wieder handelt es sich um ein rhythmisches Herantragen von Eindrücken, die man dem Kind nahebringen will, aber jetzt geschieht es wie von hinten oder neben dem Kind durch leises Raunen. Wenn sich jetzt die Zwangsvorstellung in der Äußerung des Kindes dazwischenschiebt — im Kurs als Beispiel "Die Uhr ist schön" —, wird diese durch immer leiser werdendes, rhythmisches Zuflüstern *weggeraunt:* Die Uhr vergiß — die Uhr vergiß — die Uhr vergiß. Die zwangshafte Vorstellung wird angesprochen, aber auf diese Weise immer mehr abgeschwächt; sie wird von außen bewußt gemacht, aber dann wie fortgeweht. Die Flüstertherapie, auch bei Zwangserscheinungen ohne direkte Hinweise auf einen Schwefelmangel, hat sich immer wieder bewährt und überrascht durch ihre Wirksamkeit.

3. Das zweite der vorgestellten Kinder im 7. Vortrag zeigt mit seinen fast 7 Jahren bei Kleinwuchs und relativ grossem Kopf einen Organismus, der durch eine schwache Ich-Organisation und einen schwachen Astralleib den Vererbungsleib des ersten Jahrsiebtes nicht genügend umgestalten konnte. Mit allen Antezedentien ist er zu einem dämonischen Zwerg geworden, dessen Astralleib sich vergrößert in dem Maße, wie der Körper zu klein geblieben ist. Mit diesem Astralleib ist er unbewusst zum Schauspieler geworden mit einer besonderen Vorliebe für den Laut R, der die Beweglichkeit des an sich schwachen, aber hypertrophierten, sehr beweglichen Astralleibes zeigt. Um diesen Astralleib zu beeinflussen, rät Rudolf

Steiner, beim Unterricht auf eine dramatische Steigerung eine Abschwächung folgen zu lassen. Das soll dadurch geschehen, daß man Geschichten von außerordentlicher Dramatik und Beweglichkeit erfindet und dadurch der Tendenz des Astralleibes durchaus entgegenkommt und sich ihr anpaßt. Wenn man das gemacht hat, nimmt man aber die ganze Geschichte gleichsam wieder zurück, macht z.B. den Helden etwas lächerlich, oder läßt die Steigerung auf andere Art etwas abfallen, so daß sich alles wie in einer Luftblase auflöst, aber durchaus mit Humor, so daß das Kind nicht arg enttäuscht wird, sondern mit Interesse dabei bleiben kann. Auf jeden Fall wird aber die großartig aufgebaute Geschichte wieder zurückgenommen. Dadurch bekommt der Astralleib die Tendenz, sich dem physischen Leib besser anzupassen. Nach längerer Einwirkung in dieser Art kann sich das ganze Wachstum günstiger und harmonischer gestalten. Eine solche Art von Geschichten wäre bei anderen Kindern nicht gerade pädagogisch und daher ungeeignet, aber hier sieht man das therapeutische Prinzip, das zunächst die Tendenz des Astralleibes aufgreift, um ihn dann in eine andere Richtung zu bringen.

Während bei den vorher besprochenen Kindern die pädagogische Therapie auf das Organische, die Schwefelbildung, zur Verbesserung der psychischen Besonderheiten des Vorstellungslebens gerichtet war, wirkt sie hier umgekehrt auf das Seelische, den Empfindungsleib, zur besseren Anpassung an das Organische.

4. Einen anderen Hinweis für den therapeutischen Einsatz von Geschichten gibt Rudolf Steiner bei einem kleptomanen Jungen. Er ist nicht so überraschend, denn hier geht es darum, dem Kind durch entsprechende Geschichten nach und nach aus der Autorität des Erziehers heraus das Abscheuliche der kleptomanen Handlungen zum Bewusstsein zu bringen. Die Betonung liegt hier auf der langsamen Anpassung an die Verständnismöglichkeiten des Kindes, also nicht im forschen Loslegen mit moralischen Erzählungen, und auf der langen Durchführung dieser Bemühungen, weil oftmals "die Sache arg eingefressen ist".

5. Ein wichtiges Kapitel ist die Bedeutung der Bewegung zur Beeinflussung des Auffassungsvermögens. Wenn schon alle Kinder in den Waldorf-Schulen stricken lernen sollen, um geistig regsamer und geordneter zu werden, ist die Förderung der Geschicklichkeit in der Heilpädagogik grundlegend. Die Feinmotorik steht im Zusammenhang mit der intellektuellen Beweglichkeit und dem Denken, während die grossen Bewegungen mehr zum Fühlen gehören. Da aber das differenzierte Auskristallisieren von klaren Vorstellungen schwachen Kindern nicht möglich ist, muß man schrittweise von großen zu kleineren Bewegungen übergehen. Dazu gehört das Schreiben

mit den Füssen, das dadurch von der weitesten Körperperipherie aus langsam in die Finger verkleinert wird. Auch das Zählen und Rechnen im Vorwärts-und Rückwärtsschreiten mit Händeklatschen gehört hierher. Bei einem Jungen, der auch lernen sollte, mit den Füssen zu schreiben, gab Rudolf Steiner noch den Rat, er solle lernen, seinen Kopf mit den Füssen zu erreichen, daß er seine Zehen küssen könnte. Die meisten Möglichkeiten, über die Bewegung therapeutisch zu wirken, haben wir in der Heileurythmie, und wir finden dafür im Kurs eine Fülle von Angaben.

6. Daß in der Heilpädagogik nicht immer nur zart vorgegangen werden kann, sondern auch durchaus drastische Maßnahmen erwogen werden müssen, finden wir besonders bei der Besprechung eines Mädchens, das als normal-abnormes Kind beschrieben wird, im Aussehen sehr nett und ansprechend, aber sehr sulfurig und sehr unruhig. In seiner Vorgeschichte hat es nach unauffälliger Entwicklung mit 3 1/2 Jahren Grippe mit Kopfschmerzen und danach die Masern bekommen und könnte eine leichte Encephalitis durchgemacht haben. Das unruhige, phantasievolle Kind, das oft unruhig träumt, hat eine schwache Kopf- und eine starke Gliedmaßenorganisation. Damit der Astralleib sich besser formiert und harmonischer in Äther- und physischen Leib eingreift, rät Rudolf Steiner zu Arsenbädern und anschließend Senf- oder Meerrettichpackungen. Die Aufgeregtheit des Mädchens aber soll pädagogisch *gebrochen* werden, selbst durch Anwendung von mechanischen Mitteln. Das ist wie eine Kur mit Unterbrechungen durchzuführen. Man soll also das Kind, z.B. bei Erzählungen, wo es besonders aufgeregt wird, zur Ruhe zwingen, daß es an sich halten muss. Dadurch wird nach einiger Zeit ein Brechen dieser Charaktereigenschaft auftreten. Statt aufgeregt wird es nun müde und desinteressiert werden. Das läßt man so einige Zeit, acht bis vierzehn Tage wirken, dann läßt man das Kind wieder laufen, wobei die Unruhe wieder zunehmen wird, dann kommt wieder die Behandlung. Dabei muß man sehr aufpassen, daß die die Müdigkeit begleitende Depression nicht zu stark wird. Wichtig ist der Wechsel. Wer Kinder erlebt hat, die von Aufregung und Unruhe getrieben werden, wird die Wohltat der erzwungenen Ruhe in bestimmten pädagogischen Situationen kennen. So planmäßig geübt läßt sich viel erreichen, wie es bei diesem Mädchen der Fall war.

Diese wenigen Beispiele, die wir herausgegriffen haben, können uns eine Vorstellung von wirklich pädagogisch-therapeutischen Einwirkungen vermitteln, die aus einer tieferen Erkenntnis der krankhaften Prozesse gewonnen sind. Interessant ist dabei, wie die Wirkungen bis in die organischen Abläufe und die Substanzprozesse hinein verfolgt werden und der Zusammenhang von seelischen und leiblichen Vorgängen deutlich wird. Wir kommen zu der

Einsicht, daß unsere heutigen Bemühungen noch sehr am Anfang stehen und eine weiterentwickelte Heilpädagogik große Möglichkeiten in der Zukunft hat. Vielleicht werden einmal auf diesen Wegen Heilungserfolge erzielt werden können, denen heute noch unüberwindliche Grenzen entgegenzustehen scheinen.

Aber zur Frage der Heilung müssen wir auch erst ein richtiges Verhältnis finden. Wenn wir nur eine sog. Normalisierung als Heilung anerkennen wollen, wobei wir uns schon klarzumachen suchten, daß eine Norm gegenüber einer menschlichen Individualität ein ungeeignetes Korsett ist, fassen wir den Begriff zu eng und beziehen die Schicksalsgegebenheiten des einzelnen Menschen nicht ein. Jede Besserung, die erreicht werden kann, ist für das Kind von großem Gewinn, nicht nur aus dem irdischen Aspekt heraus. Wir erleben bei der Förderung der Kinder Verläufe, bei denen wir durchaus den Eindruck haben, jetzt hat es für seine Verhältnisse Möglichkeiten gewonnen, um fruchtbar und zufriedenstellend sein Leben trotz aller noch bestehenden Schwächen führen zu können. Andrerseits gibt es Kinder, bei denen wir unglücklich empfinden, daß sie weiter von Schwierigkeiten geplagt werden oder in Unzulänglichkeiten verhaftet bleiben, die wir gehofft hatten überwinden zu können. Man kann sehr gut die Unterscheidung von günstigen und ungünstigen Verläufen treffen und evident erleben, wo Heilungserfolge erzielt werden konnten.

Die Betonung der individuellen Voraussetzungen finden wir im Heilpädagogischen Kurs besonders bei den einzelnen Vorstellungen der Kinder aus dem Sonnenhof und den Besprechungen der Kinder vom Lauenstein. Da werden wir dazu geführt, nicht mit bestimmten Vorstellungen oder Einteilungen dem einzelnen Kind gegenüberzutreten, sondern zunächst es selbst und seine Geschichte, die dazu berichtet wird, auf uns wirken zu lassen und zunächst nicht auf das Allgemeine des Störungsbildes, sondern auf das Individuelle zu schauen. Bei der Darstellung beeindruckt uns, mit welcher Sicherheit Rudolf Steiner die wesentlichen Punkte herausgreift und Wichtiges von weniger Wichtigem unterscheidet.

Je mehr wir aber von Besprechung zu Besprechung vorschreiten, desto deutlicher wird, wie die Erfahrung des Einzelfalles zur Anregung für Fragen bei anderen Kindern werden kann. Jeder, der in der heilpädagogischen Arbeit etwas Erfahrung hat, weiß, wie das, was man im Umgang mit einem Kind gewonnen hat, den Zugang zu Problemen bei anderen öffnet. Das gilt besonders, wenn man sich mit erheblichen Schwierigkeiten plagen mußte. Etwas pointiert ausgedrückt kann man sagen: was man an einem Kinde durchlitten hat, vermittelt einen Zugang zu den Schwierigkeiten bei anderen Kindern. In der Ausbildung ist es heute das Bestreben, den werdenden Heilpädagogen mit möglichst vielen verschiedenen Störungsbildern zu konfrontieren, damit er eine Überschau erhält. Das sollte aber nicht durch häufigen Wechsel der Kinder geschehen, die er zur eigenen Betreuung bekommt. Er sieht und erlebt ja auch die anderen Kinder im Heim, aber mit dem häufigen Wechsel des Einsatzes ist weder ihnen noch ihm gedient. Wenn er dagegen ein Kind längere Zeit betreut, und vor allem, wenn das Kind erhebliche Forderungen an ihn stellt, kommt er viel besser zur Entwicklung seiner Fähigkeiten. Hat es sich z.B. um ein sehr behindertes, schwieriges Kind gehandelt, können ihm die Erfahrungen an den ausgeprägten Erscheinungen helfen, diese in feineren und vielleicht versteckten Ansätzen bei weniger stark beeinträchtigten Entwicklungssituationen zu erkennen und zu beeinflussen. Die Fähigkeiten des Heilpädagogen entwickeln sich in erster Linie nicht mit dem Umfang des Wissens und der Erfahrung, sondern durch die Intensität des Engagements. Selbstverständlich muß er wissensmäßig seine Tätigkeit durchdringen und seine Erfahrungen damit verarbeiten, aber das sind Voraussetzungen für seinen Einsatz. Entscheidend sind seine Haltung und die Arbeit an sich selbst.

Zur inneren Haltung des Heilpädagogen

Wir haben versucht uns deutlich zu machen, daß dem ganzen Kurs ein Thema zugrunde liegt, das von den menschenkundlichen Aspekten mit den Störungsmöglichkeiten zu den heilpädagogischen Maßnahmen führt, aber darüber hinaus zur Übung für den Heilpädagogen wird, um sich innerlich für seine Aufgabe zu gestalten. Diese Übung ist die Meditation von Punkt und Kreis. Es liegt eine eindrucksvolle Konsequenz im Fortgang des Kurses darin, daß die menschenkundlichen Grundlagen für die Heilpädagogik, die auf der Erkenntnisseite liegen, unmittelbar zu einer Übung werden, die als Erziehermeditation zum heilpädagogischen Tun führt. Nicht auf das Wissen allein dürfen sich unsere Bemühungen stützen, für die Erfüllung der Aufgabe muß die Erkenntnis immer wieder neu mit der Liebe zur Handlung verbunden werden. Kenntnisse und Erfahrungen, die in der Vergangenheit erworben wurden, müssen für jede neue Situation wieder aktiviert und umgeschmolzen werden. Daß Erkennen und Handeln nicht zu trennen sind, zeigt sich uns in dieser Meditation darin, daß die allgemeinste und bis zur Abstraktion von Punkt und Kreis verdichtete Erkenntnisgrundlage die Übung für das individuelle Handeln wird, bei dem man sich nicht mehr auf Regeln oder Vorgänge bezieht. Das führt zu einer *schöpferischen* Tätigkeit.

Da der Erzieher selbst das Medium seiner Tätigkeit ist und unmittelbar auf die Wesensglieder des Kindes wirkt, also z.B. nicht wie der Arzt über das Medikament, braucht er die schöpferische Geistesgegenwart besonders. Er ist Therapeut und Mittel zugleich. Was Rudolf Steiner für den Lehrer immer wieder betont, daß es weniger darauf ankommt, was er ist, sondern wie er ist, gilt hier besonders. Deshalb können wir gut verstehen, daß Rudolf Steiner am Ende des Kurses immer mehr auf die *Haltung* und *Gesinnung* des Heilpädagogen zu sprechen kommt, der aus der Anthroposophie heraus wirken will. Er führt uns in dem Kurs vom "Was" zum "Wie" und stellt um die Meditation einen Kranz von Eigenschaften, um die sich der Heilpädagoge bemühen sollte.Dabei steigert sich die Art seiner Darstellung in einer ungemein lebendigen Weise und wird in dem kleinen Kreis der Zuhörer ganz persönlich und eindringlich. Wenn wir das nicht einfach lesen und als damalige Situation zur Kenntnis nehmen, sondern uns selbst in die Lage versetzen und ganz "ehrlich" fragen, wieweit wir das innerlich wirklich verstehen und begreifen, können wir vielleicht ermessen, daß das, was auf den ersten Blick recht einfach und einleuchtend scheint, letztlich nicht leicht zu erfüllen ist.

Daß *Haltung* und *Gesinnung* bei einer beruflichen Aufgabe von grosser Bedeutung sind, wird jeder gern einsehen. Mit der wissenschaftlichen Begründung eines Berufsgebietes werden sie aber nicht in einem direkten Zusammenhang gesehen. Man betrachtet sie eher als eine unspezifische Voraussetzung. Die wissenschaftliche Erkenntnis möchte man wertefrei sehen in der Vorstellung, daß nur dadurch eine wirkliche Objektivität erreicht wird. Deshalb findet man Fragen der Haltung und der Intensität des beruflichen Einsatzes meist nur in der Einleitung oder am Rand in einschlägigen Büchern, während sie im Zusammenhang mit der wissenschaftlichen Darstellung eine geringe Rolle spielen, weil solche moralischen Akzente nicht in die Wissenschaft gehören.

Die Aktivierung einer inneren Haltung und die Liebe zur Sache können aber die *Erkenntnisfähigkeit erweitern,* zumal wenn es nicht um die Interpretation von sinnlich registrierten Erscheinungen, sondern um das Erfassen der geistigen Hintergründe zum helfenden Handeln geht. Zu den Darstellungen im Kurs kann leicht jemand einwenden: da muß ich erst selbst geisteswissenschaftlich-hellseherische Fähigkeiten haben, um heilpädagogisch mit solchen Erkenntnissen arbeiten zu können und eigene Wahrnehmungen zu haben. Das bezeichnet Rudolf Steiner als innere Faulheit, die beim Erzieher nicht aufkommen darf. In der *liebevollen Hingabe* an das, was uns als abnorme Erscheinungen beim Kinde begegnet, wird ein Element wirksam, das in der Geistesforschung eine große Bedeutung hat, aber auch vom Menschen ohne eigene Hellsichtigkeit erübt werden kann. Das ist die *Intuition*. Diese Fähigkeit ist nicht nur beim fortgeschrittenen Geistesforscher, sondern im Keim bei jedem Menschen vorhanden. Der Übergang vom Sinnesbewußtsein zu den höheren Erkenntnisfähigkeiten ist fließend, nur verdeckt unser gewöhnliches Bewußtsein die Aufmerksamkeit auf diese Keime. Auf solche Intuitionen zu achten, für die die Menschen in viel stärkerem Maße veranlagt sind, als sie im allgemeinen glauben, ist eine Aufgabe für den Heilpädagogen. Dem darf das kombinierende Denken, das von Punkt zu Punkt schreitet, nicht verdeckend im Wege stehen, denn es gehört zu dem Achten auf solche Intuitionen ein innerliches Sich-Öffnen. Im Sinne des Kurses könnten wir auch sagen, ein innerliches Sich-vom-Punkt-zum-Kreis-Dehnen.

Aus der *liebevollen Hingabe* mit *warmem Interesse* für die krankhaften Erscheinungen beim Kind kann sich die Fähigkeit entwickeln, im rechten Augenblick die richtige Einsicht für die hilfreiche Maßnahme zu bekommen. Nicht eine caritativ-mitleidsvolle Einstellung ist damit gemeint, die sich mehr vom eigenen Standpunkt aus dem Kind zuwendet, sondern ein warmes Interesse auch für seine abnormen Erscheinungen, eine Art Mitleid, das sich nachspürend in die Situation hineinfühlt und von dort aus an der Verwandlung wirken will. Wie sich Goethe für die Missbildungen im Pflanzenreich interessierte, um an ihnen den Geheimnissen der Natur auf die Spur zu kommen, ähnlich können wir uns die Art eines solchen Interesses vorstellen.

Das Anstreben und Entfalten solcher Fähigkeiten braucht ein starkes Beweglichmachen des eigenen Innenlebens und ist auch nicht ohne Gefahren. Wenn reines Pflichtgefühl, ein caritativer Helferwille, das fleißige Studium und die Sorgfalt im Durchführen dessen, was man sich mit dem Kind zu tun vorgenommen hat, noch nicht genügen - und das würde man wohl als eine solide Grundlage für die Arbeit ansehen - begibt man sich auf einen beweglicheren Grund, auf dem man das richtige *Gleichgewicht* finden muß. Einmal wird man sich immer wieder mit der eigenen Unzulänglichkeit konfrontiert sehen und zur Resignation neigen, zum anderen besteht die Gefahr, daß man die eigenen Möglichkeiten überbewertet, wenn man sie in den ersten Ansätzen erfahren hat und sich in ihnen versteigt. Rudolf Steiner schildert, wie mit dem Entdecken von eigenen intuitiven Fähigkeiten eine "schwer besiegbare *Eitelkeit*" auftreten kann. Nun ist es einfach großartig, wie er nach beiden Seiten hin die wünschenswerten Seeleneigenschaften charakterisiert, nicht für ein vorsichtiges Ausbalancieren, sondern für das kräftige Erfassen einer jeden. Da finden wir als eine Voraussetzung den *esoterischen Mut*, aus dem heraus man sich in selbstloser Weise durchdringen kann mit dem Bewußtsein: *"Ich kann das"*, wenn es nur ohne Eitelkeit mit echtem Opferwillen und ohne Grübeleien geschieht. Zur Liebe für die Kinder und zum Interesse für ihre abnormen Züge soll hinzukommen: *"der Enthusiasmus im Erleben der Wahrheit"*, in der Bestätigung dessen, was sich aus geisteswissenschaftlicher Forschung ergeben hat. Sein Aufruf in Anknüpfung an Nietzsches Zarathustra *"Werden Sie doch Tänzer!"* bildet eine weitere Steigerung, um uns aus unseren philiströsen Sesseln zu lüpfen und die Begeisterung für eine Aufgabe zu vermitteln, die sonst als schwer und drückend betrachtet wird, in der wir uns aber wie ein Entdeckungsreisender auf der Suche nach dem Wesen des behinderten Menschen empfinden lernen können. Die Begeisterung für die Wahrheit, nicht nur für den Erfolg, für den Einsatz, die Zusammenhänge im rechten Licht zu erleben, versucht er an einem konkreten Vorgang im Kurs auf jede Art lebendig zu machen. "Es gibt ja nichts Entzückenderes als das Erleben der Wahrheit."

Diesen ermutigenden Eigenschaften, in die man sich zu sehr hineinsteigern kann, stellt er gegenüber die *"Andacht zum Kleinen"*. Man könnte ja zu dem Trugschluß gelangen, es käme mehr auf die großen Zusammenhänge an, in denen man sich mit den Kindern verbindet, und die Beobachtung und alles, was man mit den Sinnen wahrnehmen kann, dürften etwas zurücktreten. Das wäre ein fataler Irrtum. Das Große im Kleinen und das Kleine im Großen zu finden gehört zum richtig verstandenen anthroposophischen Streben. Rudolf Steiner spricht vom Ohrläppchen, vom abgeschnittenen Fingernagel oder Haar, die uns genau so interessieren sollen wie Saturn, Sonne und Mond. Wir können das vielleicht auch in der Richtung erweitern, daß uns jede Situation des Kindes im Tageslauf genau so wichtig sein soll, wie die eingerichteten Schul- und Therapiestunden. Es besteht die Neigung, die Heilpädagogik in den stundenplanmäßigen Einrichtungen zu sehen, und was dazwischen liegt, als eine Art Versorgung und Überbrückung. Die Bezeichnung "Seelenpflege-bedürftige Kinder" sagt uns schon, wie wesentlich das pflegerische Element ist. Die Andacht zum Kleinen, ja zum Kleinsten, wie es im Kurs gesagt wird, liegt auch in der aufmerksamen Begleitung der Mahlzeiten und der Körperpflege, in dem pädagogischen Ernstnehmen jedes Spazierganges und besonders des Einschlafens und Aufwachens, soweit man die Kinder in einem Heim hat.

Auf der Seite der Andacht zum Kleinen liegt auch die *"innere Ruhe"*, die man sich bewahren muß, um aus innerer Aktivität wirken zu können und nicht aus vordergründigen Veranlassungen. Diese gesinnungsbildenden Hinweise führen den Heilpädagogen über das theoretische Wissen hinaus und sind alle um die Erziehermeditation gestellt, die im Zentrum der letzten drei Vorträge steht.

Am Ende des Kurses stellt Rudolf Steiner die neue Initiative für die Heilpädagogik in den Zusammenhang mit allen Bestrebungen der damals neubegründeten Allgemeinen Anthroposophischen Gesellschaft. Die praktischen Lebensgebiete, die durch die Geisteswissenschaft eine Erweiterung erfahren haben, werden gern die Tochterbewegungen der Anthroposophie genannt. Sie haben die Tendenz, schon aus der großen Beanspruchung heraus, die damit verbunden ist, sich abzugrenzen, ein betontes Eigenleben zu bekommen und die Verbindung zur allgemeinen Anthroposophie zu vernachlässigen. Das konnte man im Laufe der 50 Jahre hier und da feststellen. Nicht weit entfernt davon ist auch die Erscheinung, einzelne Handhabungen, wie sie sich auf einem Gebiet bewährt haben, aus dem Zusammenhang zu lösen und unabhängig zu praktizieren. Dagegen ist nichts zu sagen, solange jemand beeindruckt von der Art der Maßnahmen etwas herausgreift und in einem Rahmen anwendet, der nicht mit der Anthroposophie verbunden ist. Aber für jeden, der auf ihrem Boden wirken will, kann es nur das Bestreben sein, seine Tätigkeit mit der gesamten Anthroposophie zu verbinden. Die Tochter (im Sinne der Tochterbewegungen) darf die Mutter nicht vergessen (R. Steiner). Und die Loslösung bestimmter Methoden von ihr und dem Namen Rudolf Steiners wird immer zu einer Verwässerung und zu Mißverständnissen führen.

Diese Fragen werfen auch ein Licht auf das Problem der Spezialisierung. Das frühere Streben nach Universitas und einer umfassenden Bildung ist von der Aufteilung in immer engere Fachgebiete abgelöst worden, zum Teil notwendig durch die Zunahme der Detailkenntnisse. Die Folgen brauchen wir nicht zu schildern, sie werden allerorten diskutiert, weil die dadurch zerstückelte Welt uns Sorgen macht. Die Frage ist aber nicht: Spezialisierung ja oder nein, sondern wie. Es ist klar, daß es verschiedene Berufe geben muß, und es hat sie in allen Kulturen gegeben. Aber heute ist der gemeinsame Grund schwankend geworden, der sie verbindet. Sie schwimmen relativ unabhängig in ihrem Fachbereich und versuchen Querverbindungen zu schlagen und damit die Beziehungen aufrecht zu erhalten.

In der Heilpädagogik werden die Probleme besonders deutlich, weil hier pädagogische, psychologische, medizinische, soziale, "bewegungstherapeutische", "musiktherapeutische", "ergotherapeutische", "logopädische" etc. Gesichtspunkte zusammenkommen. Ist die Heilpädagogik ein Sammeltopf, wo die ausgebildeten Spezialisten nur im Team wirken und damit in grosser Zahl beim einzelnen Kind angesetzt werden? Oder gibt es den Beruf des Heilpädagogen, der als Dominante dem Kind gegenübersteht, sich verschiedene Fähigkeiten erwirbt, die sonst vom Spezialisten ausgeübt werden und der, wo spezielle Therapien und Gesichtspunkte aus anderen Berufen dazukommen müssen, mit diesen eine laufende Verbindung pflegt? So gibt es nach bewährter Praxis in der anthroposophischen Heilpädagogik den Arzt, der sich ganz mit ihr verbindet und auch im Heim lebt, und die Heileurythmistin, die sich ganz in dieses Gebiet eingelebt hat. Der gemeinsame Boden ist die Anthroposophie. Man wird den Unterschied zwischen dem üblichen Spezialistentum und dieser unterscheidenden und doch verbundenen Handhabung besser verstehen, wenn man die letzten Abschnitte des Kurses liest, wo dem "Egoismus im Spezialwirken" das "lebendige Verschlungensein der Dinge" gegenübergestellt wird, "die in der Anthroposophie sich ausleben."

Zusammenfassung

Den Kurs noch einmal überschauend, sind wir von der Betrachtung der abnormen Erscheinungen beim Kind und den therapeutischen Ratschlägen zum Heilpädagogen selbst geführt worden, wie er sich innerlich für seine Aufgabe heranbilden kann. Dabei wird das menschenkundliche Ausgangsbild für die Anschauung der Kinder zu einer meditativen Übung für den Erzieher. Sie hilft ihm, daß die menschenkundliche Gliederung des Organismus nicht zu einem festen System, sondern zu einer beweglichen Grundlage wird, die ihm das Metamorphosegeschehen innerlich vollziehbar macht und ihn schöpferisch werden läßt. Mit der Schulung und der rechten Gesinnung kann er die Fähigkeit entwickeln, nicht gebunden an feste Regeln, im rechten Augenblick das Richtige zu finden, was dem Kind in der individuellen Situation weiterhilft. Damit bleiben Theorie und Praxis nicht mehr getrennte Gebiete, denn aus der erkenntnismäßigen Bemühung, dem liebevollen Interesse für die abnormen Erscheinungen und der selbstlosen gefühlsmäßigen Einstellung erfolgt die heilpädagogische Handlung unmittelbar. Das Kind mit seinen Schwierigkeiten läßt uns gleichsam die erforderlichen Schritte ablesen. In dieser Art wird die heilpädagogische Förderung zu einer Kunst, und das künstlerische Element wird alle Maßnahmen durchziehen. Sicher wird man die Aufgabe in dieser hochgesteckten Form nicht permanent erfüllen können, aber man kann ihr nachleben und wird, fern von jeder Routine, immer aufgerufen sein, weiter an sich zu arbeiten.

Es ist verständlich, daß in einer Betrachtung über den Heilpädagogischen

Kurs viele Inhalte zitiert und oft kurz und deshalb nicht besser wiederholt werden mußten. Das geschah aber nur, um bestimmte Linien hervorzuheben, und sollte höchstens zur Anregung dienen, den Kurs intensiv und nicht nur als eine theoretische Grundlage zu studieren.

1 Heilpädagogischer Kurs, GA 317

2 Mein Lebensgang, GA 28; Briefe I, GA 38

3 Brief vom 12.7.1915

4 Die vier sich durchdringenden Wesensglieder bilden die Grundlage geisteswissenschaftlicher Menschenerkenntnis, wobei 1. der physische Leib als stofflicher Körper (auf der Stufe des Mineralreiches), 2. der Äther- oder Bildekräfteleib als Träger der Lebenskräfte (auf der Stufe des Pflanzenreiches), 3. der Astralleib als Träger der Empfindung (auf der Stufe mit dem Tierreich) und 4. das Ich als persönlicher Wesenskern unterschieden werden.

5 Allgemeine Menschenkunde, GA 293

6 In "Was wollte das Goetheanum und was soll die Anthroposophie?", GA 84

HERMANN POPPELBAUM

Die Rolle der Vererbung beim Menschen

In diesem Heft und der damit beginnenden Schriftenreihe wird der Versuch unternommen, verschiedenartige Aspekte der anthroposophischen Heilpädagogik darzustellen. Eine wichtige Voraussetzung hierfür liegt in den Auffassungen über das Wesen von Erbvorgängen. Der Hinweis darauf tritt als grundlegendes Motiv bereits im Beginn von Steiners "Heilpädagogischem Kursus" auf. — Wenn auf dem Hintergrund der Reinkarnationslehre die geistige Individualität des Menschen als präexistent zu verstehen ist, dann wird der Inkarnationsvorgang selbst unmittelbar ansichtig als ein Geschehen, in dessen Verlauf eben die im Kinde wirkende geistige Individualität danach strebt, den vererbten Leib mehr und mehr nach ihren ureigensten Voraussetzungen und Notwendigkeiten zu bilden. Dieser Prozeß ist es, der die Kindheit so tiefgehend vom Erwachsensein unterscheidet. In seinem Verlauf wird eine individuelle Leiblichkeit errungen, die Steiner im Heilpädagogischen Kurs als "Menschenpersönlichkeitskörper" dem "Erbkörper" gegenüberstellt. Die Bedeutung dieser Zusammenhänge für Wesen und Methodik der Heilpädagogik liegt auf der Hand.

Die folgende Schilderung ist mit freundlicher Genehmigung des Verlags entnommen aus H. Poppelbaum, Entwicklung, Vererbung und Abstammung. Philosophisch-Anthroposophischer Verlag am Goetheanum, Dornach 1961. Sie ist in hervorragender Weise geeignet, das Besondere der menschlichen Vererbung deutlich zu machen.

Die Einheit, mit der die Vererbung bei Pflanze und Tier zu rechnen hat, ist immer die Art; und im Rahmen der Art erfolgt die Übertragung der Gestalt, die wir Vererbung nennen. Die im Atomistischen sich verlierende Mendelsche Betrachtung ist geneigt, diese Grunderscheinung "Übertragbarkeit der Artgestalt" aus den Augen zu verlieren, weil der Blick an den Merkmalen haften bleibt, die auftreten und wieder verschwinden. Wir haben in den vorangehenden Kapiteln gezeigt, was getan werden kann, um den Blick wieder frei zu bekommen und auf die Grunderscheinung zurück zu lenken. Dann haben wir den Begriff des elastischen Bildekräfteleibs entwickelt und auseinandergesetzt, wie man gerade an der Mendelschen Spaltung der Bastardnachkommen ein starkes Argument für die Wirklichkeit dieses (übersinnlichen) Bildekräfteleibs finden kann, ja wie man eine von dessen Haupteigenschaften, die "Elastizität", in den Spaltungserscheinungen sozusagen mit Augen sehen kann, wie Goethe gesagt haben würde.

Die einzelnen Individuen, Pflanze oder Tier, empfangen dabei aus dem

Erbstrom so viel von dem gemeinsamen Gestaltgute, wie sie fassen können. Die Vererbung ist wie *ein Ausgießen der Artgestalt* über die Individuen, welche wie Gefäße aufnehmen, was in sie hineinfließt. Jedes Einzelwesen ist dabei ein zufälliger Empfänger, vergleichbar dem von einem Strom überfluteten Gefäße. Die kleineren Abweichungen des einzelnen Individuums von anderen (Modifikationen) sind selbst nicht erblich und werden daher bald wieder ausgeglichen; die artgemäße Durchschnittsgestalt bleibt dagegen erhalten, und dieses solange, als keine "Mutation" erfolgt. Aber selbst eine einzelne Mutation geht immer im Laufe der folgenden Generationen wieder im allgemeinen Artbild unter, falls sie nicht vom Menschen künstlich abgetrennt oder ausnahmsweise von der Natur selbst isoliert wird. In diesen Fällen mag sich eine neue Sondergestalt bilden. Im allgemeinen aber ertrinkt jede Mutation in der Artgestalt nicht anders, als wäre sie eine bloße Modifikation. Sie kann sich vielleicht nur etwas länger halten, bevor sie untergeht. Die Artgestalt stellt sich bei Tier und Pflanze wie eine Gleichgewichtslage wieder her.

Ganz anders beim Menschen. Hier hat die individuelle Abweichung von der Artgestalt eine wesentliche Bedeutung. Die Species Mensch als biologische Einheit hat keinen Realitätswert mehr, ja, man kann sagen, daß die Art beim Menschen nicht mehr ein Vielfältiges und Kollektives ist, sondern geradezu *in das Individuum hinein verschwindet. Jeder Mensch ist eine Art für sich.* Dieser kühne Satz Rudolf Steiners[1] stellt die Anschauung und Beobachtung des Menschen auf einen ganz anderen Punkt ein, dreht den Speciesbegriff gleichsam um und setzt das Gegenteil der Blickrichtung an die Stelle dessen, was für Tiere und Pflanzen gilt. Wir können sagen, die Pflanzen- und Tier-Individuen sind Exemplare ihrer Art und nichts mehr; das einzelne Tier und die einzelne Pflanze ist wie eine spielerische Variante des artgemäßen Grundgebildes und hat für dieses keine bleibende Bedeutung. (Nur die Darwinistischen Theoretiker lesen aus den Abweichungen die postulierten Differentialschritte einer allmählichen Artveränderung heraus.)

Der Mensch aber stellt keine solche vorübergehende Variante des Artgebildes "Mensch" dar, sondern ist selber als Individuum mit dem Rang eines Eigenwesens ausgestattet. *Wer auf die Wirklichkeit "Mensch" sehen will, muß gerade auf den Einzelmenschen blicken.* Nur er ist, geistig gesehen, real und fordert zur Erkenntnis als Sonderwesenheit heraus. Eine Vielheit von Menschen ist immer irgendwie Summe aus heterogenen Einzelnen, die sich nur äußerlich addieren und nicht wirklich zusammenfassen lassen.

Rudolf Steiner hat als Erster und Einziger die Quelle für die anschauliche Erarbeitung eines Bildes vom menschlichen Eigenwesen in der *Biographie* entdeckt. Er spricht diese große Entdeckung so aus: "Wer in der Biographie die wirkliche Eigenart eines Menschen schildert, der begreift, daß er in ihr etwas hat, was im Tierreiche der Beschreibung einer ganzen Art entspricht"[2]. Es handelt sich um die Verlegung des Artbegriffes beim Menschen in die Sphäre des Individuums und um die Wiederentdeckung der Einzelprägung des Menschen in ihrer weitesten Geistbedeutung. Man könnte auch sagen, jeder Mensch sei sein eigener Typus, wenn man das Wort nicht trivial, sondern der eigentlichen Bedeutung nach nimmt. Das menschliche Individuum ist sozusagen nicht aus einem artgemäßen Allgemeingebilde herausgeholt, sondern stellt selbst ein leiblich erscheinendes "Individuell-Geistiges" dar, das sich in einem Leib ausgestaltet und Geltung verschafft. Die menschliche Prägung kann als höchst Individuelles aus der Einzigartigkeit der Lebensgeschichte abgelesen werden. Biologische Arten bestehen immer aus vielen Individuen; die menschliche Art jeweils nur aus einem einzigen....

Wir drücken dieses nur anders aus, wenn wir sagen, im menschlichen Individuum trete der Geistkern, das Ich, unmittelbar in die Erscheinung, während er beim Tier hinter der Vielheit der Individuen verborgen bleibt. Die "Lage" des Wesenskerns zum einzelnen Wesen ist also bei beiden Reichen verschieden. Daher braucht man in der Geisteswissenschaft den Namen *Gruppen-Ich* für die Tiere und schreibt diesem eine losere Beziehung zum einzelnen Tier zu, im Gegensatz zum *sich inkarnierenden Ich* des Menschen, das in die jeweilige Leiblichkeit eintritt und sie als Einzelnes zu ihrem Abbild ausgestaltet[3]. Das Tier ist immer Spielform seiner Art. Der Mensch ist immer einzigartig, wenn man auf sein Wesen ausgeht.

Nun ergibt sich aus der Einzigartigkeit des menschlichen Individuums, wie Rudolf Steiner gezeigt hat, die notwendige Folge, vor der man nicht zurückschrecken darf: man muß wiederholte Erdenleben derselben Individualität anerkennen. Denn, wenn man die Verschiedenheit der menschlichen Individualitäten nicht jeweils einem eigenen Schöpfungswunder zuschreiben will, muß man sie irgendwie unter dem Gesichtspunkt der Entwicklung betrachten. Die Eigenprägung des menschlichen Geistkerns (Ich) wird am verständlichsten, wenn man sie auf früher gehabte Erlebnisse zurückführt. Überzeugend legte Rudolf Steiner dar, daß diese früheren Erlebnisse nicht in einem unkörperlichen Dasein, sondern in einem früheren physischen Dasein liegend vorgestellt werden müssen; denn sie haben ja Ergebnisse gehabt, die, ganz wie bei Lernbemühungen, als ein Können in den Bestand des Eigenwesens übergegangen sind[4].

Gleich wie in der Jugend durchgemachte Erlebnisse zu späteren Fähigkeiten (oder Unfähigkeiten) gerinnen, so können auch Erlebnisse früherer Inkarnationen als Fähigkeiten und Mängel dem Wesenskern des Menschen anhaften und an ihm und mit ihm wiederkehren. Der Mensch erscheint dann in den nachfolgenden Inkarnationen mit den Ergebnissen der früheren ausgestattet oder belastet. (Die Darstellung muß im einzelnen bei Rudolf Steiner selbst nachgelesen werden; hier kommt es nur auf die Untergründe der Eigenschaften der menschlichen Individualität an, die so ganz andere sind als die aus dem Vorrate der Art geschöpften bei Pflanze und Tier.)

Will man nun aber sich konkret vorstellen, wie das Individuum sich die Eigenschaften "zulegt", die es im Sinne seiner Fortentwicklung braucht, so muß man annehmen, daß der menschliche Wesenskern sie sich von den Voreltern und Eltern irgendwie verschafft. Der Körper wird ja bei jeder neuen Inkarnation auch neu aufgebaut werden müssen, denn das Ich holt sich in großen Zwischenräumen seine im Leben verbundenen Eigenschaften jedesmal neu zusammen. Hier kann natürlich nur eine konkrete geistige Forschung den Vorgang schildern, der sich *vor* der Inkarnation abspielt: das Ich verbindet sich schon lange vor der Inkarnation mit seiner künftigen Ahnenlinie, als deren Nachkomme es erscheinen wird, und *versieht sich* hierbei *mit dem nötigen, aus vielen Generationen zusammengebrachten Erbgute.* Das Ichwesen des Menschen ist also alles andere als ein gleichgültiges Gefäß, in das die Vererbung ihren Inhalt ausgießt, sondern ist ein Kristallisationspunkt, der aus einer Vielfalt von Generationen die zur Leibesentwicklung nötigen Merkmale aktiv an sich *heranzieht.* Das heißt aber, daß Vererbung nur bei Tier und Pflanze ein passiver Vorgang ist, beim Menschen aber ein tätiges Auswählen und Kombinieren. Der Mensch unterliegt also nicht der Vererbung, sondern bemeistert sie. Jede Inkarnation ist ein Meisterstück der Selektion aus dem von vielen Ahnen angebotenen Eigenschaftsgute. Daß der Mensch bei diesem Wählen der Hilfe ihn unterstützender Wesen bedarf, wird in Rudolf Steiners Werken beschrieben.

Es ist zuzugestehen, daß nur mutiges Umdenken die herkömmliche Vorstellung, für die die Vererbung ein passives Geschehen ist, in ihr Gegenbild wandeln kann, so wie es für das Begreifen der menschlichen Vererbung nötig ist. Aber feststellen muß man auch, daß hier nichts Unmögliches verlangt oder gar nur auf einen "mystischen" Vorgang vage hingedeutet wird. Der Umstand, daß man sich mit den bisherigen Vorstellungen von der Entstehung des Individuums aus dem Schoße der Vererbung die Möglichkeit verbaut hat, *das Individuum als der Vererbung vorausgehend zu denken,* ist noch besonders hinderlich. Und was die scheinbar so schwierige Vorstellung vom Zusammenholen der Eigenschaften aus den Generationen vermittels wählender Tätigkeit des Ich betrifft, so muß man doch auch zugeben, daß das Werden konkreter Eigenschaften aus den mitgebrachten Anlagen genau so dunkel ist. Und doch rechnet der Mendelist mit größter Selbstverständlichkeit damit, daß die Anlagen aus ihrer Lokalisation in den Chromosomen an die Stelle hingebracht werden, wo sie sich dann als sichtbare Eigenschaften entwickeln. Dieses Hinbringen ist aber nicht leichter vorzustellen als jenes Heranholen durch das Ich. Das menschliche Ich beweist dadurch, daß es dieses Herholen leisten und gewissermaßen vorausschauend eine Merkmalsauswahl vornehmen kann, ja seine willensartige Natur, die es nach geisteswissenschaftlicher Forschung als wesentliches Kennzeichen hat. Es leistet also mehr als bloß eine Überschau, sondern es *macht sich handelnd geltend auch in seiner vorkonzeptionellen Tätigkeit*, durch aktive Kombination des in den Generationen weit ausgestreuten Materials. Hiermit wird es nötig zu denken, daß das Ich die Generationen vor dem Abstieg in die Verkörperung überschaut. Dieses ist schon als rein gedankliche Folgerung aus der sinnvoll zur Erscheinung kommenden Kombination hinzunehmen. Nun aber gibt Rudolf Steiners geistige Forschung noch eine sehr wichtige Ergänzung. Sie sagt, daß das herabstrebende Menschen-Ich *schon inspirierend in den Verbindungen lebte*, die die Vorfahren des betreffenden Menschen miteinander eingingen, daß das Ich *also am Zustandekommen und Ineinanderfließen der Erbströme der Vorfahren mitbeteiligt ist.* Die Kombination der Vorfahrenlinien ist, wenn nicht ausschließlich, so doch wesentlich ein Werk der Iche, die auf die Formung einer bestimmten Inkarnationsmöglichkeit hinarbeiten. Damit entdecken wir hier durch bloßes Weiterdenken eine neue Einsicht: es gibt offensichtlich nachbarlich arbeitende Iche, die an einer ähnlichen Merkmalskombination interessiert sind. Bildhaft könnte man sie Fischer am gleichen Strome nennen. Sie holen allerdings nicht das gleiche, sondern verschiedene Ergebnisse heraus, sind aber doch Nutznießer des von einem anderen Ich zusammengebrachten Treffens von Erbströmen. Sie arbeiten auf ein ähnliches Ziel hin, und ähnlich sind deshalb auch die Körperlichkeiten, die sie zustande bringen. *So entstehen die Verwandtschaften* innerhalb der menschlichen Familien, besonders deutlich im Falle von Geschwistern. Diese haben sich eben um das Zustandekommen der Vorfahrenströme bis zum gleichen Elternpaare hin gemeinsam bemüht.

Daraus leuchtet auch ein, daß Geschwister schon lange vor der Konzeption eine gleichartige Verknüpfung der Voreltern miteinander im Auge hatten, also schon lange durch eine geistige nachbarliche Tätigkeit verbunden waren. Das paradoxe Ergebnis dieser vorgeburtlichen Vorgänge ist, daß die leibliche Ähnlichkeit als Folge von vorausgehender schicksalsmäßiger Zusammengehörigkeit auftritt. *Die Zueinandergehörigen sind also nicht deshalb geistverwandt, weil sie ähnliche Leiber tragen, sondern sie tragen ähnliche Leiber, weil sie schon vor langer Zeit geist- und schicksalsverwandt gewesen sind* [5].

Hinzugefügt muß werden, daß diese *weisheitserfüllte Ahnenverflechtung*, wie wir es nennen wollen, nicht der eigenen Schaukraft des Ich entstammen kann, sondern auf die Weisheitsfülle übermenschlicher Wesen hinweist, die in diesem wunderbar weitsichtigen Tun sich Ausdruck verschafft haben. Und wiederum kann man einem Skeptiker, der Widerstand gegen die Vorstellung solcher Weisheitswesen erhebt, die Frage vorlegen, ob denn in den Lebenserscheinungen der Eiweißsubstanzen innerhalb der Zelle nicht auch eine ähnlich weitschauende Weisheit sich kund gibt, die den Menschenverstand weltenweit übertrifft, gerade weil sie imstande ist, mehrere Richtungen und Ziele gleichzeitig zu verfolgen.[6] (Die Geisteswissenschaft spricht von den "Geistern der Weisheit", die in den Bildekräfteleibern der belebten Wesen tätig sind.)

Die Vorstellung der vom Ich geleisteten Ahnenverflechtung beim Menschen bringt uns auch nahe, warum die Sondermerkmale eines Menschenwesens immer schon den Rang von spezifischen Unterschieden haben. Der werdende Leib bekommt eben schon von langer Hand her seine individuellen Züge eingeprägt; und der Verlauf der jugendlichen Jahrzehnte bedeutet die Fortsetzung dieser Prägetätigkeit. Aus der Vererbung heraus kann der Mensch eben nur *eine Art Rohentwurf seiner Leiblichkeit bekommen*[7], die Ausmeißelung der vollen Persönlichkeit muß er durch seine Lebensbemühungen selber erst noch zustandebringen. Drücken wir diesen Vorgang in einem herkömmlichen Begriffe aus, so können wir sagen, das herabsteigende Ich korrigiere immer mehr die noch bedeutungslosen Varianten zum ausdrucksvollen Persönlichkeitsbilde um. Deshalb sehen wir zu unserem Erstaunen, wie Geschwister, wie sehr auch in ihnen das gemeinsame Erbmodell durchscheinen mag, gerade in dieser individuellen Ausmeißelung ihrer "Züge" sich allmählich immer ferner rücken und das Erbmodell buchstäblich zu einem völlig eigenartigen Sondersein umbauen.

Rudolf Steiner, der auch hier völlig kompromißlos vorging, sprach von der *Substitution des Erbmodells* durch die Eigenstruktur des Ich, d.h. von der Zerstörung und dem Zerfall dieses Modells zugunsten einer vom Ich her geleisteten Neuschöpfung. Die Ichstruktur, sagte er, lehnt sich dabei an das Erbmodell zunächst an, aber sie variiert es frei und baut es eigenartgemäß von neuem auf, — ein höchst wunderbarer Vorgang, der die Mitte hält zwischen Nachahmung und schöpferischer Neuleistung. Es ist dieses der wichtigste Schlüssel zu dem Phänomen des Heranreifens des Menschenwesens im ersten und zweiten Lebensjahrzehnt. Man kann sehen, wie hier der Naturvorgang der Vererbung *ins Menschliche hinaufgehoben* und zu einer wirklichen Neubildung gesteigert wird, die alles Konservative und Stationäre auflöst und an die Stelle einer bloßen Weitergabe von Vorhandenem ein faktisches Weiterschreiten zu einer neuen Formbildung treten läßt. Durch die Aufnahme in den Ich-Bereich wird der Bann der Vergangenheit gebrochen; sie hat noch ein letztes Mal wirken dürfen, um damit der Gegenwart den letzten Dienst zu tun: ihr den Weg zu bereiten.

Die Fortentwicklung im eigentlichen menschlichen Bereiche ist damit zu einer *Selbstvererbung* geworden. Ich habe, kann der Einzelne sich sagen, meine Eigenschaften von keinem meiner Voreltern und Eltern, denn diese besitzen eigene Individualität wie ich; also muß ich sie, so paradox es zunächst klingt, *von mir selbst übernommen haben.* Ich erscheine in einem jeden folgenden Dasein als die weiterbildende Wiederholung dessen, was ich in früheren Verkörperungen gewesen bin. Ich beziehe dabei meine Entwicklungsphasen aus dem meiner Individualität, und nur ihr, zugrundeliegenden Typus, der hier identisch mit meinem Wesenskern geworden ist.

Der die Menschenform prägende Ich-Typus ist, wie er schon seit vielen Generationen der Voreltern vorausschauend und ahnenkombinierend wirksam war, natürlich auch noch während der Embryonalentwicklung tätig. Deshalb haben auch schon heutige Wissenschafter von sich aus davon gesprochen, daß die menschliche Embryonalentwicklung schon von vornherein (d.h. vom Ei ab) und während aller Entwicklungsphasen von dem Eigenwesen "Mensch" durchprägt sei. "Wie einem Bild der Entwurf vorausgeht", sagt Portmann, "und in erster andeutender Linie auf dem reinen Grunde bereits das farbige Ganze in sich faßt, ... wie auf jeder weiteren Stufe bedeutende Wesenszüge des künftigen Werks gegenwärtig sind..., so ist auch in der Entwicklung des Menschen die besondere Wesensart *von Anfang an* in entscheidenden Zügen da, ist 'Menschliches' von allem Anbeginn dieses Werdenden vorhanden. Wie viele Entwicklungsschritte sind allein schon hingeordnet auf die menschliche Eigenart, auf das Besondere unseres späteren Erwerbs der artgemäßen Haltung und Sprache"[8].

Wir müssen dem aber hinzufügen: jedes Entwicklungsstadium, ob embryonal oder nach der Geburt, läßt nicht nur das allgemeine Menschenbild durchscheinen, von dem es nach und nach durchprägt wird, sondern die Prägung *dieses einen bestimmten Menschen,* dieser besonderen Individualität. Der einzigartige Wesenskern prägt sich zugleich mit dem menschlichen Erscheinungsbild ins Sichtbare. Jeder Mensch wird Manifestation des Menschen, aber auch zugleich des eigenen Typus in Aussehen, Verhalten und Schicksal. Dem gattungsmäßigen Menschlichen ist es demnach gar nicht verstattet, ins Sichtbare zu kommen, denn so könnte nur ein ichloses Allgemeinbild entstehen; dieses Bild wird zugleich mit individuellen Zügen durchzogen, die das Allgemeine darin zurücktreten lassen. Man könnte sagen, daß dieses Allgemeinbild gleich einer grundsätzlichen Voraussetzung (wie eine reale Prämisse) dem Ausbau der Eigenform und Eigenart diene, ein Vorentwurf im wörtlichen Sinne, der niemals ausgeführt wird.

Man kann den Unterschied gegen das Tier nicht stärker hervorheben, als indem man sagt, beim Tier bleibe das Individuum immer Variante, die auf das in ihr lebende Urbild zurückdeutet. Der Mensch aber tritt aus der Vergangenheit heraus und wird "er selbst".

In der individuellen wie in der Stammesgeschichte ist also das Werden zugleich ein Zurückweisen und Abstoßen von "nichtpassenden" Eigenschaften. Für die Stammesentwicklung ist die Reihe der Abstoßungsvorgänge eine Begleiterscheinung aller Fortentwicklung. Die Stufe des Amnioten erreichen, bedeutet "nicht mehr Anamnier sein", die Säugetier-Werdung bedeutet "nicht mehr Reptil sein", die Menschwerdung heißt mit anderen Worten "nicht mehr bloßer Hominide sein". Die Darwinsche Zuchtwahllehre bietet natürlich keinen Platz für einen wirklichen Inhalt dieses Zurückstoßens, da sie die Entwicklung als passives Werden (Untergang des Ungeeigneten) ansieht. Sobald man aber in der Entfaltung der zum Höheren führenden Formen einen aktiven wachstumsähnlichen Vorgang sieht, kann man sinnvoll von Entwicklungstendenzen (Trends) sprechen.

Einstweilen sei nur gesagt, daß für das Vererbungsgeschehen im Menschen die "Abstoßung des Ungeeigneten" als etwas sehr Reales gedacht werden muß. Auch hierin wieder liegt ein Unterschied von der pflanzlichen und tierischen Vererbung. Und wenn man das tätige Vorhandensein der menschlichen Individualität während der Vorläufer-Generationen als wirklich nimmt, bekommt *der Vorgang der zurückstoßenden Abweisung von ungeeigneten Ahnenmerkmalen* eine größere Bedeutung. Denn es ist klar, daß diese Abweisung das Gegenstück zu der "Ahnenwahl" ist und einen viel größeren Umfang hat als das Akzeptieren und Adoptieren der gesuchten Merkmale selbst. Wieviel mehr wird in den zusammenfliessenden Erbströmen der Vorfahren abgeboten als verwendet werden kann! Das seine Leiblichkeit vorbereitende Ich muß also viel mehr los werden als es braucht, um die Einmaligkeit seiner ausgesuchten Konstitution zu erreichen.

Die Betätigung des sich inkarnierenden Ich ist demnach weithin ein Abweisen von bloß dem Naturverlauf überlassenen *Erbgängen*. Ein Mensch entsteht erst dadurch, daß sein Ich keinem der Erbströme «den Lauf lässt», sondern einen jeden davon entweder abweist oder aus ihm ausgewählte Züge dem eigenen Bilde einverleibt. Wir machen damit völlig bewußt einen großen Anspruch an den Leser. *Wir fordern ihn auf, sich vorzustellen, daß überall, wo im Menschen eine «bloße Vererbung» stattfindet, eine unvollständige Vermenschlichung und damit eine Erkrankung vorliegt.* Der für das Fortexistieren der Art bei Tier und Pflanze notwendige Vorgang der Weitergabe der Gestalt in passiver Übertragung ist beim Menschen ein Krankheitsprozess. Wo *blosse vererbte Merkmale unverändert wieder erscheinen, liegt ein Versagen des Wesenskerns vor.*

Solche Schlagsätze haben selbstverständlich nur Sinn, wenn man sie mit noch anderen aus der Geisteswissenschaft stammenden Beschreibungen zusammennimmt. Sie müssen ergänzt werden durch Vorstellungen über den Weg des Ich und sein Verhältnis zu den sogenannten Hüllen, dem Astralleib, Ätherleib und physischen Leib, Vorstellungen, die aber gerade durch eine eindringlichere Beschäftigung mit den wirklichen Ergebnissen der wissenschaftlichen Untersuchung nahegelegt werden. So ist ja auch der in der neueren Fossilienkunde üblich gewordene Ausdruck «Hominisation» für die allmähliche Annäherung der Vorfahrenformen an die menschliche Form eine blosse Scheinbezeichnung, wenn man sich darunter nicht einen von bestimmten Kräften getriebenen Vorgang vorstellen will. In der Geisteswissenschaft findet man dafür eben den Begriff des menschlichen Wesenskerns, der höchst aktiv in den Entwicklungsprozess des Menschen eingreift und ihm eine entscheidende Wendung gibt, nämlich die zur Menschenform hin. Für die individuelle Entwicklung des Menschen ist der entscheidende Begriff des schon vorgeburtlich tätigen und jeweils einzigartigen Ichs erforderlich, ohne den eine vollständige Beschreibung des Entwicklungswerdens unmöglich ist. Ohne diesen Begriff fehlt der Entwicklung gewissermaßen das Subjekt, oder volkstümlicher gesagt, derjenige, der die Entwicklung «durchmacht». Setzt man diesen Wesenskern nicht von vornherein in Rechnung, so fällt es schwer, ihn später einzuführen, und die Beschreibung bleibt Fragment[9].

Wenn nun das «Ich» als vorgeburtliche Leistung die «Elternwahl» vollzieht, müssen für den Studierenden weitere Fragen auftauchen, zu denen die folgenden Angaben Rudolf Steiners von grosser Wichtigkeit sein werden. Wir führen sie hier ganz gewiss nicht wegen des sensationellen Inhaltes an, sondern wegen des Lichts, das damit auf die Anlegung des *Erbkleides* geworfen wird. In der Zeit vor der Konzeption, während das noch unverkörperte Ich zu den Eltern hinstrebt, muss von einer wechselseitigen *Anziehung* zwischen dem Menschen und seinen Eltern gesprochen werden. Dabei, sagt Rudolf Steiner, strebt der Astralleib des herabsteigenden Menschen zu seiner Mutter hin, das Ich aber zum Vater; und nur dort, wo beide Strebungen zugleich ihr Genüge finden, d.h. wo ein geeignetes Elternpaar gefunden wird, kann die Inkarnation erfolgen. Hier gilt dann wieder das schon oben Gesagte: solche Beschreibungen sind nur mit anderen zusammen diskutabel und dürfen daher nicht aus ihrem Zusammenhang gerissen werden, weil man sie sonst leicht verlachen könnte. Vorausgesetzt ist hier ein Verständnis für die Schilderung der viergliedrigen Menschenwesenheit. Aus ihr wird dann verständlich, daß der Astralleib mehr mit der gefühlsmässig-bilderformenden Phantasienatur, das Ich mehr mit der die Gliedmaßen durchdringenden Willensnatur zusammenhängt. Dementsprechend muß man erwarten, daß das Phantasie- und Gedankenelement uns mit der Mutter zusammenbringt, das Element des Eigenwillens jedoch mit dem Vater. So ist es denn auch von Rudolf Steiner dargelegt worden. Versuchen wir, die Bedeutung einer derartigen Angabe zu ermessen[10].

Sie sagt vor allem, daß die beiden Eltern nicht gleichen Anteil an der Formung der Kindesnatur haben, nicht weil beide verschiedenes Erbgut übertragen, sondern weil es eine väterlich-beeinflußte und eine andere, mütterlich-beeinflußte Region im Kinde gibt. In der Vererbung bei Pflanze und Tier braucht ein derartiger Unterschied nicht gemacht zu werden, und die orthodoxe mendelistische Deutung nimmt denn auch die Gleichwertigkeit beider Eltern als Merkmalsüberträger an. Beide sind ja nur Instrumente des Durchganges der Erbmasse, die sich über die Nachkommen gleichmässig verstreut. Streng genommen ist dies allerdings wohl nicht gleichgültig. Wir haben selbst vor vielen Jahren (1914) einen Fall veröffentlicht, in dem bei Rassenkreuzungen von Schmetterlingen die Resultate verschieden sind, je nachdem, welche der beiden Rassen das mütterliche oder väterliche Individuum gestellt hat: das Kreuzungsprodukt zeigt, wenigstens in den ersten Wochen, eine bedeutsame Annäherung an den Typus der Mutter, und erst später schlägt das väterliche Farb- und Zeichnungsmuster durch, so daß ein «intermediärer» Bastard entsteht[11].

Beim Menschen scheint also ein viel bedeutenderer Unterschied zu bestehen, je nachdem, ob der Vater oder die Mutter der «Erbgeber», wie wir sagen können, ist. Die bedeutende morphologische Verschiedenheit beider Geschlechter setzt sich gleichsam auch in die Methoden der Weitergabe fort. Hier ist für Beobachtung und vertieftes Nachdenken ein weites Feld offen, das noch völlig unbekannt ist. Es kann aber schon jetzt kein Zweifel an der menschlichen Bedeutung dieser seltsamen Vorgänge sein, und so durfte die Angabe Rudolf Steiners hier keinesfalls weggelassen werden.

Nun aber ist auch der Augenblick gekommen, den neuen Begriff des «Übernehmens der Form von den Eltern» noch einmal festzustellen. Es ist nämlich beim Menschen, wo ein formendes Ich in Betracht kommt, das Übernehmen durchaus kein passiver Vorgang, wenn ein elterlicher Form- oder Charakterzug bei den Kindern «wiedererscheint». Immer ist mit der *nachgestaltenden Tätigkeit des Ich* zu rechnen, welches sich ein Muster oder Modell *vornimmt*, um es nachzubilden und so gleichsam zu *adoptieren*. Kombinieren, Übernehmen und Adoptieren beim Menschen sind erst dann voll verstanden, wenn wir sie uns als Tätigkeiten des Ich vorstellen. Wir müssen uns ein jedes Menschen-Ich mit einer bestimmten, ihm eigenen Gestaltungsfähigkeit ausgerüstet denken. Es ist daher auch die Umwandlung ganz verschieden, die das vorgenommene Erbmodell im Nacharbeiten erfährt.

Und so kommen wir zum Schlusse noch einmal auf das Geheimnis zurück, das sich aus dem geisteswissenschaftlichen Studium der Vererbung beim Menschen ergibt: daß das bloße Geschehenlassen der Erbübertragung ohne Wandlung des Ererbten auf eine Schwäche des mit der Verarbeitung des Übernommenen betrauten Ich weist. Ein solches schwaches Ich ist nicht im Stande, sich das Ererbte im rechten Sinne *einzuverleiben*. Und so hängt es dem Menschenwesen und seinen Gliedern wie eine Last und als wirkliche Krankheit an. Man kann in einem solchen Falle wie unter einem Kleide, das dem Träger nicht paßt, das Vererbte überall «hervorgucken» sehen, weil es nicht in den eigenen Bestand übergeführt ist. Das Menschen-Ich muß im Fortschreiten durch seine Verkörperungen lernen, das Ererbte nicht nur zu besitzen, sondern es *im Einverleiben umzuwandeln*.

Mensch-Sein heißt, alles an uns Übertragene uns wahrhaft anzueignen, alles Vergangene im Lichte und in der Kraft des Geistes-Ich neu zu erzeugen und das Gewesene im Bereiche der eigenen Verantwortung zur Wiedergeburt zu bringen. Daß dabei Wesen, die über dem Menschen stehen, helfen müssen, ist dem unverbildeten Denken wie selbstverständlich. Es wird auch durch die Geistesforschung Rudolf Steiners umfassend bestätigt.

1 Theosophie. Einführung in übersinnliche Welterkenntnis und Menschenbestimmung. 1. Aufl. 1904. GA 9

2 Theosophie, Kapitel "Wiederverkörperung des Geistes und Schicksal". GA 9

3 Wir haben in dem Buche "Mensch und Tier" (Dornach 1956) gezeigt, wie der Wesensunterschied zwischen Menschenreich und Tierreich an diesem Punkte zu fassen ist und in fünffach verschiedener Weise beobachtet werden kann.

4 Theosophie, Kapitel "Wiederverkörperung des Geistes und Schicksal".

5 Siehe H. Poppelbaum, Schicksalsrätsel. 2. Aufl. Dornach 1959

6 So erscheint es dem menschlichen Verstehen. In Wahrheit verfolgt die Natur keine begrenzten Zwecke. Man kann ihre Handlungen "vielzweckig" nennen.

7 S. Rudolf Steiners pädagogische und medizinische Kurse.

8 Adolf Portmann, Zoologie und das neue Bild vom Menschen. Hamburg 1956

9 Wie das sich verkörpernde Ich sich zu den von Menschen gelenkten Vererbungsverhältnissen einstellt, kann man in den genealogischen Tafeln der Fürstenhäuser usw. mit Staunen sehen. In dem kleinen Buche von Georg Armborst, "Genealogische Streifzüge durch die Weltgeschichte" (Dalp Taschenbücher, Band 344), ist eine Menge hochinteressanten Materials über die Inzucht beim Menschen, den sogenannten Ahnenverlust, verzeichnet. Man vergleiche den Stammbaum des Don Carlos (Seite 53), Friedrichs des Grossen (Seite 79) und der Königin Isabella von Spanien (Seite 102), um ein Maß für die durch Vererbung entstandene Degeneration zu erhalten; hier ist das Ererbte der Sieger im Widerstreit mit der Individualität.

10 Vorträge vom 14.11.1910 in Nürnberg (GA 68) und 6.2.1911 in Düsseldorf.

11 R. Goldschmidt und H. Poppelbaum, Zeitschrift f. Indukt. Abst. Vererb.-Lehre. 1914

GEORG VON ARNIM

Vergessen und Erinnern

Bemerkungen zur heilpädagogischen Bedeutung der Gedächtnis-Lehre Rudolf Steiners

Voraussetzungen

Der Heilpädagogische Kurs Rudolf Steiners enthält an wichtiger Stelle einen grundlegenden Hinweis auf Art und Wirkungsweise des menschlichen Gedächtnisses.[1] Es ist nur ein kurzer Abschnitt von wenigen Seiten, die darin enthaltenen Voraussetzungen und Folgerungen sind aber außerordentlich weitreichend. Wenn man willens ist, sich darauf einzulassen, verlangen sie ein völliges Umdenken gegenüber den üblichen Vorstellungen von Gedächtnisvorgängen.

Kaum eine Seeleneigenschaft gibt dem Heilpädagogen so viele Rätsel auf, ist von so viel Geheimnis umwoben, entzieht sich so sehr einem einfachen Verständnis wie das Gedächtnis. Dabei kann man sich von den modernen Gedächtnistheorien, wie sie in den verschiedenen Psychologien enthalten sind und den Lerntheorien zugrunde liegen, keineswegs befriedigt fühlen. Ob von der zweifelhaften "Gedächtnisspur" die Rede ist, die sich im Nervensystem eingraben soll[2,3] ob es sich um experimentelle Methoden handelt, nach denen beispielsweise Gedächtnisleistungen an sinnlosem Material geprüft werden, ob schließlich der Frage nachgegangen wird, welche Vorgänge überhaupt bewirken mögen, daß Vergessen zustande kommen kann, es ist immer doch nur dünner Abguß von dem, was die Fülle und Reichhaltigkeit des menschlichen Seelenlebens in seiner erlebten Wirklichkeit ausmacht. Die grundsätzliche Frage erhebt sich, ob ein solches Geschehen wie das Vergessen und Erinnern allein durch experimentelle Methoden überhaupt unserem Verständnis erschlossen werden kann. So erschlossen, daß sich darin die Züge des geistigen Menschseins wiederfinden.

In der Einleitung zu seinem kürzlich erschienenen Buch "Vom Geist der Sinne" spricht Ernst Lehrs von der notwendigen Steigerung der den menschlichen Sinnen "innewohnenden Fähigkeiten". Eine neue Belebung der

Anschauungskraft im weitesten Sinne ist unentbehrlicher Teil zukünftiger Kulturentwicklung. "Wenn es so ist, daß dem Menschen unserer Zeit die Aufgabe erwächst, seiner Sinnestätigkeit ein neues Werden zuteil werden zu lassen, so vermag er das, weil er bis in alle Verzweigungen seines Körpers hinein Geist ist. Denn wo im Dasein *Werden* sich vollzieht oder vollziehen soll, da muß in dem hier gemeinten Sinne *Geist* am Werke sein. So ist der Mensch auf seine Weise Träger von, wenngleich in hohem Grade noch schlummerndem Geist, den es gilt aus seinem Schlummer zu erwecken."[16]

Solche Formulierungen könnten ohne weiteres auf alle mit dem Gedächtnis zusammenhängenden Überlegungen übertragen werden. Das Werdende der Gedächtnis-bildenden Kräfte, ihre Zukünftigkeit und ihr schöpferisches Wesen müssen neu ins Blickfeld gerückt werden. Vielfach sieht es allerdings so aus, als ob das gegenwärtige Interesse an Gedächtnisproblemen sich mehr und mehr auf die Untersuchung der reinen Reproduktionsleistungen einengen würde. Die menschenkundliche Bedeutung des Gedächtnisses geht aber weit über die bloße Reproduktion bestimmter Vorstellungsinhalte oder Verhaltensweisen hinaus. Die wahren Eigenschaften des menschlichen Gedächtnisses können nicht experimentell erkannt werden. Dazu gehört die dem Gedächtnis eigene Fähigkeit, den Menschen so in das zeitliche Werden einzufügen, daß sein Ich in der Dauer leben kann; weiter ist es die phantasiebildende Kraft des Gedächtnisses; und schließlich handelt es sich um ein Verständnis des Zusammenhangs zwischen Gedächtnis und menschlicher Gestalt. So weitet sich die Erinnerungskraft zum Schicksalsausdruck des Menschen. Das lebendige Gedächtnis, innerhalb dessen der Menschengeist sich entfaltet, das mehr ist als nur Wiederholungsleistung, muß vor unserem inneren Auge stehen - am allernotwendigsten da, wo behinderte Kinder erzogen werden, die uns anvertraut sind.

Aufschluß über die eigentliche Natur der Gedächtniskräfte und über ihre Entwicklungsstufen kann aus den geisteswissenschaftlichen Untersuchungen gewonnen werden, die durch Steiner vorgenommen und erkenntnistheoretisch begründet worden sind.

Wir haben hier einen bezeichnenden Fall vor uns, in dem eine häufig wiederholte Forderung Steiners sich auf das Beste erweisen kann. Die übersinnliche Forschung, das innerliche Anschauen der Dinge durch das geschulte Bewußtsein eines Geistesforschers ist notwendig, weil auf andere Art vieles nicht wißbar ist, was aber doch für das menschliche Selbstverständnis schon heute schlechthin unentbehrlich ist und es immer stärker in der Zukunft sein wird. Etwas anderes ist die Verarbeitung dieser Ergebnisse in der eigenen Lebenspraxis. Bei eingehenderer Beschäftigung mit Fragen des Gedächtnisses ist deutlich, wie sehr diese Feststellung gerade hier gilt.

Absicht der folgenden Auseinandersetzungen ist es, den eingangs erwähnten Gedächtnishinweis Steiners aus seinem sonstigen Werk so zu ergänzen, daß dessen allgemeine heilpädagogische Bedeutung möglichst deutlich werden kann. Den Hintergrund dafür gibt folgende Bemerkung Steiners ab: ...man kann ein Bild ästhetisch genießend beurteilen, ohne daß man selber ein Maler ist. So kann man auch die Geisteswissenschaft, die Anthroposophie, beurteilen, ohne daß man selber ein Forscher ist, obwohl das heute bis zu einem gewissen Grade durch die Anleitung in "Wie erlangt man Erkenntnisse der höheren Welten?" und so weiter jeder werden kann, so daß er auch schon bis zur Kontrolle der geisteswissenschaftlichen Forschungsergebnisse kommen kann. *Aber den eigentlichen Wert für das Leben** bekommt der Inhalt der geistigen Wahrheit nicht dadurch, daß man die Dinge erforscht, sondern dadurch, daß man sie versteht, daß man sie in sich aufnimmt."[4] Es ist eben Teil der gegenwärtigen Kulturaufgabe, eine Urteilsfähigkeit für die Ergebnisse geisteswissenschaftlicher Forschung zu erlangen.

Vergessen und Inkarnation

Welche seelischen Verhältnisse machen es möglich und notwendig, daß der Mensch seine Eindrücke und Wahrnehmungen vergessen kann? Diese Frage soll uns als erste beschäftigen. Ist das Vergessen ein rein passiver Ablauf, verdämmern die Bewußtseinsinhalte einfach? Oder wäre es besser, wir hätten unseren gesamten Bewußtseinsinhalt stets gegenwärtig? Ruht das Vergessene nur im Zustand des Nicht-Gegenwärtigen, des Nicht-Bewußten? Oder trägt die Phase des Vergessenseins aktive Züge, gehen positive Wirkungen davon aus? Könnte der Mensch sein Ich-Sein ohne die Gabe des Vergessens so aufrecht erhalten, wie er es eben tut?

Für alle Erziehungsvorgänge, in ganz besonderer Weise für die Heilpädagogik ist die Anthropologie des Vergessens ein Gebiet von zentraler Bedeutung. Steht doch das Vergessen an der Schwelle zum menschlichen Unbewußten und damit zum Bereich des Willens. Dort liegt aber das Feld, dem sich unsere heilpädagogische Bemühung letzlich zuwendet.

Die eingangs erwähnte Charakterisierung der Gedächtnisvorgänge durch Steiner im Heilpädagogischen Kurs nimmt ihren Ausgangspunkt von der Polarität der menschlichen Gestalt. Das wird uns in einem späteren Abschnitt noch näher beschäftigen. Zunächst ist folgender Gedanke wichtig, der für viele Phänomene des gegenwärtigen Lebens weitreichende Bedeutung

* Vom Verfasser hervorgehoben

hat. Steiner deutet auf die Sinneseindrücke, die in wachem und bewußtem Zustand durch das menschliche Ich ständig aufgenommen, aber ebenso regelmäßig aus dem Bewußtsein wieder entfernt werden müssen. "Das Ich muß sich aufrecht erhalten, das kann nicht einen einzigen Eindruck stundenlang haben, sonst würde es *identisch werden mit dem Eindruck.*"[1] Die menschliche Gestalt als Grundlage und Voraussetzung für die Gleichzeitigkeit verschiedener Bewußtseinsstufen macht es dem Ich möglich, "sich aufrecht zu erhalten", indem die Eindrücke immer wieder neu in den Bereich des Unbewußten aufgenommen werden. Was geschähe aber mit dem Ich, wenn es identisch würde mit seinen Eindrücken? Was bedeutet diese Formulierung überhaupt? Der Bewußtseinswandel, dem wir den Namen Vergessen geben, bewahrt das Ich davor. Ohne diesen Vorgang könnte es kein Selbstbewußtsein, so wie es nur dem Menschen zur Verfügung steht, geben. Je hemmungsloser der Mensch sich an einen Eindruck verliert, je schlechter er ihn dann vergessen kann, desto gefährdeter ist sein echtes Bewußtsein von sich selbst - am extremsten scheint diese Situation in Film und Fernsehen vorzuliegen. Tritt er dagegen einem Eindruck so gegenüber, daß er ihn in innerer Ruhe und Ausgewogenheit aufnehmen, vergessen und auch wieder erinnern kann, dann stärkt sich das Selbstbewußtsein.

An anderer Stelle, im Rahmen einer auf soziale Fragen gerichteten Darstellung, spricht Steiner über das gleiche Phänomen. Alle Erlebnisse gewinnen ein anderes Verhältnis zum Ich, nachdem sie durch das Vergessen hindurch gegangen sind. Wenn den Eindrücken ein gewisses bildhaft-imaginatives Element fehlt, wenn sie zu "nackt" erlebt werden, dann steht das Ich in Gefahr, mit ihnen identisch zu werden. Dieser imaginative Einschlag kann zunächst nur durch das Vergessen gewonnen werden. Für das spontane Bewußtsein des gegenwärtigen Menschen fehlt er im primären Wahrnehmungsakt mehr und mehr; davon ist in dem zitierten Buch von E. Lehrs die Rede. Steiner spricht von der Notwendigkeit, das Ich aus seinen Erlebnissen "herauszuschälen" und gibt auch Anweisungen, wie das geschehen kann. Es sind damit nicht nur die zurückliegenden Erlebnisse gemeint, sondern auch die Bemühung um die Entwicklung eines gewissen imaginativen Vermögens im unmittelbaren, gegenwärtigen Wahrnehmungsakt - nicht so sehr um der Entwicklung reiner und freier Imaginationen willen, sondern wegen jener Gefahr, die dem gegenwärtigen Menschen droht, wenn er einer gänzlich entseelt erlebten Umwelt gegenüber steht."...Dieses Herausschälen des Ich aus seinen Erlebnissen, das müssen wir in der Gegenwart besonders anstreben; denn die Gegenwart hat die Tendenz, das Ich immer mehr und mehr zu verknüpfen mit den Erlebnissen. Heute will der Mensch ganz in-

* Vom Verfasser hervorgehoben

stinktiv das sein, was ihm seine Erlebnisse geben."[5] Das mag mit dem aggressiven Charakter zusammenhängen, den die technische Zivilisation als Umwelt des Menschen in sich trägt. Dabei geht es wahrscheinlich nicht nur um die vielfältig erregenden Bildinhalte, die uns täglich entgegentreten. Die Wirkung auf den menschlichen Sinnesorganismus als solchen scheint ganz im allgemeinen schon so zu sein, daß es den Menschen drängt, das zu sein, was ihm seine Erlebnisse geben. Man braucht nur an die faszinierende Wirkung zu denken, die das Autofahren auf die allermeisten Menschen ausübt, vor allem auf Kinder. Natürlich kann man nicht sagen, daß nicht Auto gefahren werden sollte. Es ist nur ein Beispiel für die offenbare Neigung des gegenwärtigen Menschen, in seinem Ich eins zu werden mit seinen Eindrücken.

Daraus erwächst die Notwendigkeit, den Akt des "Herausschälens" als eine ständige, selbst gewollte Aufgabe zu vollziehen. Das hierfür erforderliche Mittel liegt im richtigen Gebrauch des Vergessens und Erinnerns. Mit deren Hilfe kann den Eindrücken jener imaginative Anstrich gegeben werden, der sich gewissermaßen zwischen Ich und Eindruck immer hineinschieben muß. Sicherlich ist das vor relativ kurzer Zeit, etwa im vorigen Jahrhundert, noch in ganz anderer Weise natürlich geschehen, als wir das heute bemerken können. Die für unseren Zusammenhang wichtige Anweisung Steiners geht dahin, länger zurückliegende eigene Erlebnisse in der Erinnerung so zu betrachten, als sei ein ganz anderer Mensch der Träger dieser Erlebnisse gewesen. Man objektiviert sich so selbst, kommt von seiner Vergangenheit los und gewinnt sie auf andere Weise neu. Hierdurch erwirkt man auch für gegenwärtige und zukünftige Eindrücke die Fähigkeit zu jener imaginativen Empfindung, die davor bewahren kann, mit seinen Eindrücken identisch zu werden.

Wir gewinnen mit diesen Überlegungen einen ersten Anhaltspunkt für die tieferen Gründe, die das Vergessen verlangen, und können sagen: Der Übergang des Vorstellungsinhaltes in den unbewußten Zustand ist eine Notwendigkeit zur reinen Aufrechterhaltung des bewußten Ich gegenüber seinen Eindrücken. Die in psychologischer Sicht von Lindahl erwähnte Auffassung, "daß Vergessen kein passives Verklingen ist, sondern eine aktive Hemmung durch neue Eindrücke"[2] deutet in dieser Richtung. Allerdings muß geisteswissenschaftlich gesehen nachdrücklich das Gewicht darauf gelegt werden, daß es nicht so sehr die von neuen Eindrücken ausgehende Hemmung ist, die gewissermaßen die vorangegangenen beiseite schiebt. Vielmehr liegt es im Wesen des Ich begründet, ist es die nicht weiter auflösbare Eigenschaft und Natur des Ich, sich so gegenüber seinen Eindrücken "aufrecht zu erhalten", daß diese vergessen werden. Im Erinnern befinden sie sich dem Ich gegenüber in einem durchaus anderen Verhältnis als im Wahrnehmungsakte selbst.

In diesem ganzen Ablauf kommt dem eigentlichen Moment des Vergessens eine zentrale Bedeutung zu. Je bewußter die aus der Wahrnehmung gewonnenen Vorstellungen sind, bevor sie vergessen werden, desto "freier" können sie vergessen und desto besser erinnert werden; je mehr das zu Vergessende dem Lichte des Ich-Bewußtseins entzogen ist, desto "unvollkommener" wird es vergessen und vom Ich abgelöst. Interessanterweise wird aufgrund experimenteller Untersuchungen angenommen, daß der Mensch im Schlafe weniger schnell vergißt als im Wachen. Wenn also auf das Lernen Schlaf folgt, ist das Gelernte nach einer bestimmten Zeit noch gegenwärtiger, als wenn diese Zeit wachend verbracht wurde. Andererseits ist die Erinnerungsleistung dann schlechter, wenn nach der Aufnahme eines bestimmten Lerninhaltes intensiv weiter gelernt wird (sogenannte retroaktive Hemmung). Diese Beobachtung wird im Sinne der oben erwähnten "aktiven Hemmung" durch neue Eindrücke gedeutet, die einmal - bei nachfolgendem Schlaf - nicht vorhanden, das andere Mal besonders intensiv gegeben sind. Allerdings wird dieselbe Hemmung beobachtet, wenn vor dem Erlernen eines bestimmten Inhalts intensiv etwas anderes gelernt wurde (proaktive Hemmung).

Diese Beobachtungen brauchen meines Erachtens nicht nur so interpretiert zu werden, daß ein Wegschieben der alten Eindrücke durch die neuen stattfindet. Hierdurch würde natürlich die pro-aktive Hemmung, wie Lindahl auch erwähnt, gar keine Erklärung finden. Was tatsächlich daraus hervorgeht, ist, daß die willkürliche Aufmerksamkeit auf den Vergessensvorgang für die Gedächtnisleistung eine große Bedeutung hat. Es ist anzunehmen, daß die subjektive, willkürliche Aufmerksamkeit auf das Gelernte von ganz anderer Art ist, wenn ich nach dem Lernen unmittelbar in den Schlaf übergehen kann, als wenn ich mich einem neuen Lernvorgang zuwende. Wie wir noch bei der Besprechung des Erinnerungsvorganges sehen werden, ist das eine nahezu ideale Art des Vergessens, während die der reaktiven und wohl auch proaktiven Hemmung zugrunde liegenden Vorgänge gerade eine Abwendung der willkürlichen Aufmerksamkeit von dem Gelernten bedeuten. Mit anderen Worten, die direkte Hinwendung der Aufmerksamkeit zu einem nächsten oder auch einem vorausgehenden Inhalt läßt tatsächlich den eigentlichen Lerninhalt zu unbemerkt "verklingen". Diese ungenügende Aufmerksamkeit des Ich auf den Vorgang des Vergessens ist es viel eher, was die Erinnerungsleistung verschlechtert. Dabei handelt es sich im Falle des auf das Lernen folgenden Schlafes genau genommen gar nicht darum, daß weniger schnell vergessen wird, sondern es wird "so gut" vergessen, daß leichteres Erinnern möglich ist.

Steiner setzt diesen Zusammenhang unmittelbar einleuchtend in seiner "Allgemeinen Menschenkunde"[6] auseinander und zwar gerade anhand eines Vergleiches zwischen Vergessen - Erinnern und Einschlafen - Aufwachen.

Die Herstellung einer Beziehung zwischen diesen beiden Vorgangspaaren macht überhaupt erst eine weiterführende Einsicht in das Geschehen von Vergessen und Erinnern möglich. Der Erholungswert des Schlafes ist ungenügend, wenn von außen kommende Vorgänge ihn beeinträchtigen; sei es körperliches Unbehagen, wenn das im Hinblick auf das innerseelische Erleben einmal als "von außen kommend" bezeichnet werden darf, sei es ein störendes Geräusch — Einflüsse jedenfalls, die nicht aus der Willkür des Ich stammen. Das Ich kann dann die Eindrücke der Außenwelt nicht genügend stark von sich ablösen. "Wir wissen aus dem äußeren Leben, daß schon ein gehörig langer Schlaf notwendig ist, wenn nicht das Ich-Bewußtsein immer unkräftiger und unkräftiger gemacht werden soll, wenn es nicht den Charakter annehmen soll, den man so bezeichnen könnte, daß es durch einen gestörten Schlafzustand zu stark hingegeben wird an die Eindrücke der Außenwelt, an alles mögliche, was von der Außenwelt an das Ich herankommt."[6] Ganz etwas anderes ist es, wenn deshalb nicht oder weniger geschlafen wird, weil aus einem bewußten Entschluß heraus, aus einer Entscheidung des Ich einmal während der gewöhnlichen Schlafenszeit irgendeine Arbeit geleistet wird. Es tritt dann zwar Müdigkeit auf, aber nicht jener Zustand, den jeder kennt, wenn er eben schlecht geschlafen hat. Die Willkür und Bewußtheit im Verhältnis des Ich zu seinen Eindrücken ist der Faktor, der den Unterschied zwischen beiden Zuständen ausmacht.

Ganz die gleiche Bedeutung kommt einer bewußten Aufmerksamkeit auf das Vergessen zu. Wie ein ungestörtes, gewissermaßen in innerer Konzentration vollzogenes Einschlafen einen erholenden Schlaf bewirkt, so eine entsprechende Seelenstimmung im Vergessen eine gute Erinnerungsleistung. Durch solche Überlegungen finden die erwähnten Beobachtungen eine zwanglose Erklärung.

Schlafen und Vergessen sind Zustände, die es dem Ich ermöglichen, sich gegenüber seinen Eindrücken aufrecht zu erhalten, nicht mit ihnen identisch zu werden. Von der Bewußtheit und willkürlichen Aufmerksamkeit des Ich am Übergang von Bewußtheit zu Unterbewußtheit, von Wachen zu Schlafen, von gegenwärtiger Vorstellung zu vergessener Vorstellung hängt es ab, wie gut oder schlecht dieses, die weitere menschliche Entwicklung zu einem hohen Grade bestimmende Sich-Aufrechterhalten des Ich geschehen kann. Die Übungen, von denen oben die Rede war, mit deren Hilfe das Ich aus seinen Erlebnissen "herausgeschält" werden kann, sind nur eine Intensivierung und Weiterführung dieses Grundvorganges, der sich regelmäßig im

Augenblick des Vergessens oder Einschlafens abspielen soll, mag das im Einzelfall auch mehr oder weniger gut und wirkungsvoll geschehen.

Daß die eigentliche Krankheit der gegenwärtigen Pädagogik und Heilpädagogik, überhaupt unserer technischen Zivilisation mit ihrem eigenartigen Hereinwirken technischer Reizmittel in seelische Vorgänge gerade darin besteht, daß diese Grenzübergänge von Bewußtheit zu Unbewußtheit nicht als ein Ich-Akt verstanden und gepflegt, sondern der Ich-Kraft entzogen werden, erscheint mir unverkennbar. Viel mehr als auf organisatorische Fragen, ob dieser oder jener Schultyp der richtige ist, kommt es auf die Pflege der Ich-Entfaltung an, die in erster Linie an diesem Grenzübergang zu geschehen hat. Davon wird zweifellos die weitere Entwicklung des ganzen heilpädagogischen Arbeitsfeldes bestimmt werden.

Geisteswissenschaftlich gesehen kommt der Begriff der Inkarnation hier wesentlich zum Tragen. Blicken wir noch einmal auf die Verhältnisse des Schlafes. Kurze Zeit nachdem die Notwendigkeit auseinandergesetzt wurde, das Ich aus seinen Erlebnissen "herauszuschälen" (1918), spricht Steiner in bestimmter Weise über Ich und Schlaf (1923). Die Schlafzustände geben eigentlich erst Aufschluß über das wahre Wesen des Menschen. Wenn uns auch ein Bewußtsein von den Inhalten des eigentlichen Daseins im Schlafe fehlt - von den Träumen soll hier abgesehen werden -, so ist es doch gerade die Unterbrechung des Tagesbewußtseins durch den Schlaf, die dem Ich zu seinem Selbstbewußtsein verhilft. "Denn wenn wir zurückschauen würden in ein Leben, das niemals vom Schlafe unterbrochen wäre, so würden wir Automaten sein. Wir würden zwar geistige Wesen, aber wir würden Automaten sein."[7] Wenn man die Hypothese bildet, daß der Mensch wachend ins Leben träte und in wachem Zustande verharren würde ohne iegendeine Unterbrechung durch Schlaf, so müßte sein Zustand mit dem eines Automaten verglichen werden. Er wäre nicht fähig, irgendeine Handlung bewußt auszuführen. Und auch das automatisch Getane würde er nicht als zu ihm gehörig erkennen können. Damit ist auf eines der wichtigsten Geheimnisse des Ich gedeutet. Was als Dunkelheit, als Schlaf erscheint, zeigt sich dem geistesforscherischen Blick als Zeit des reinsten Ich-Seins. "Und zu diesen Lebensdunkelheiten, zu diesen Lebensfinsternissen sagen Sie Ich. Sie hätten kein Bewußtsein vom Ich, wenn Sie nicht diese Dunkelheiten sehen würden. Sie verdanken es nicht dem Umstande, daß Sie vom Morgen bis zum Abend immer gearbeitet haben, daß Sie zu sich Ich sagen können; daß Sie zu sich Ich sagen können, verdanken Sie dem Umstande, daß Sie geschlafen haben."[7] In diesem Tatbestand ist der Begriff der Inkarnation enthalten. Die Kraft, die Veranlassung dazu gibt, daß der Mensch sich als Ich erfährt, diese Kraft scheint herein in das Tagesbewußtsein, ihre wahre Wirklichkeit erfährt sie aber im Schlaf. Sie existiert geistig in der Dauer, in den Schlafzuständen, zwischen den Inkarnationen; sie erscheint als Grundlage des Selbstbewußtseins in den unterbrochenen tagwachen Perioden. Ein automatischer, entselbsteter Zustand träte ein, wenn die Dauer das tagwache Bewußtsein einnähme. "Wenn wir bei Tag das gegenwärtige Bewußtsein als Mensch haben und uns ein Ich nennen, so ist dieses Wort Ich der Hinweis auf etwas, was nicht in dieser physischen Welt vorhanden ist, was in dieser physischen Welt nur sein Bild hat."[7] Dieses Bild ist die menschliche Gestalt.

Was für den Schlaf gilt, hat in gleicher Weise, wenn auch in abgeschwächtem Maße, seine Bedeutung für das Gedächtnis. Ein Identischwerden des Ich mit seinen Eindrücken, ein mangelndes Herausschälen des Ich aus den Erlebnissen würde genauso ein Schritt hin zu einer Automatisierung des Bewußtseins bedeuten, wie eine ungenügende Unterbrechung des Wachbewußtseins durch die "Lebensdunkelheit" des Schlafes.

Erinnern als Lebensvorgang

Im Mittelpunkt alles Bemühens um gründlichere Einsichten in die Gedächtnisabläufe steht die Frage nach der physiologischen "Spur", die der Sinneseindruck oder die durch ihn hervorgerufene Vorstellung hinterlassen könnte. Einige moderne Theorien suchen diese "Spur" im Nervensystem, andere verzichten gänzlich auf die Annahme einer physiologischen Bezogenheit der Gedächtniseindrücke.[2] Wenn überhaupt mit einem physiologischen "Ort" des Gedächtnisses gerechnet wird, dann wird dessen Platz ins Zentralnervensystem verlegt, und zwar an die Übergangsstellen zwischen je zwei Nervenzellen, die sogenannten Synapsen. Die am Ende des vorigen Jahrhunderts durch den Anatomen Waldeyer festgestellte Tatsache, daß das Nervensystem kein zusammenhängendes Netzwerk von Nervenzellen, kein Syncytium darstellt, sondern ein Gebilde, in dem von Nervenzelle zu Nervenzelle jeweils eine Unterbrechung vorhanden ist, eben die Synapse, bildet die Voraussetzung für diese Annahme. Die Überbrückung der Synapsen geschieht nach heutiger Auffassung durch eine flüssige Phase.[8]

Eine moderne Modellvorstellung (Hebb) nimmt zum Beispiel folgendes an. Es bestehe ein grundsätzlicher Unterschied zwischen Eindrücken, die unmittelbar behalten werden (Sekunden bis Minuten) und solchen, die im eigentlichen Sinne vom Gedächtnis aufgenommen werden (Stunden bis Jahre). Entsprechend gelte es zwei unterschiedliche physiologische Veränderungen im Nervensystem, und zwar an den Synapsen abzugrenzen: "Die anatomische Veränderung an den Synapsen als Grundlage des permanenten Behaltens und ein reverberatory circuit, also eine Art umlaufendes Echo als Grundlage des U.B."[9] Dabei bedeutet U.B. eine Abkürzung für den Begriff des "Unmittelbaren Behaltens."

Es ist damit also gesagt, daß der erste Eindruck nur eine funktionelle Wirkung hinterlasse, die aber dann, wenn es zum langzeitigen Behalten kommt, an den Synapsen in "eine strukturelle Veränderung durch Wachstum", eben in die anatomische Veränderung, übergehe.[33] Wenn dem so wäre und wenn Techniken entwickelt worden wären, um diesen Vorgang wirkungsvoll zu praktizieren, vielleicht sogar ohne die aktive Beteiligung des "Lernenden" selbst, dann würde der Begriff der individuellen menschlichen Freiheit jeden Sinn und Inhalt verlieren. Denn es liegt auf der Hand, daß die vermutete anatomische Veränderung einen unveränderlichen Zustand herstellen würde, der das Verhalten des Betroffenen weitgehend festlegen muß. Solche Denkmodelle, wenn sie in die Heilpädagogik Einzug hielten, wären wenig geeignet, sich um die lebendige Entfaltung schöpferischer Kräfte auch in einem schwerer behinderten Kind zu bemühen, selbst wenn diese sehr verhüllt erscheinen.

Eine andere Frage ist die bereits eingangs erwähnte, nämlich ob die Gedächtnisspur, was immer ihr organisches Substrat sein möge, einen passiven Zustand der reinen Konservierung des Gedächtnisinhaltes bedeutet, oder ob im Behaltensintervall Veränderungen vor sich gehen. Letzteres wird beispielsweise von der Gestaltpsychologie angenommen. Überhaupt ist die Geschichte der Gedächtnisforschung von dieser Frage, ob "Magazin" oder "Wachstum", durchzogen.[10] Es ist hier nicht die Absicht, diesen historischen Entwicklungen im einzelnen nachzugehen. Ein anderer Gesichtspunkt muß uns dagegen eingehend beschäftigen, von dem für alle weiteren Schritte im Verständnis von Gedächtnisvorgängen sehr viel abhängt. Die neueren Vorstellungen, wie zum Beispiel die erwähnte Hypothese über unmittelbares Behalten und Langzeitgedächtnis rechnen ganz allgemein, ob immer ausgesprochen oder nicht, mit dem Begriff der "Speicherung". Es wird also etwas irgendwie eingelagert, um bei entsprechendem Anlaß wieder dem Speicher entnommen zu werden. Allerdings bestehen keine einheitlichen Vorstellungen darüber, wie diese vermutete Entspeicherung, wenn der Mensch etwas erinnert, tatsächlich vor sich geht.

Dazu kann folgendes geltend gemacht werden. Wenn zwar auch die eingangs geschilderte Notwendigkeit besteht, das Ich nicht mit seinen Eindrücken identisch werden zu lassen, es immer wieder aus ihnen herauszuschälen, so muß andererseits doch das Erinnerte gänzlich eines Wesens mit uns selbst werden. Es darf nicht ein fremdes Dasein in unserem Inneren führen, wie eine Art von Fremdkörper wirken. Es ist eine grundlegende Frage, welche Vorgänge notwendig sind, damit ich alles Erinnerte als unbedingten Teil meines Daseins empfinde. Bei der späteren Erwähnung seelischer Störungen wird sich zeigen, daß in dieser Beziehung durchaus auch pathologische Abweichungen möglich sind. An dieser Stelle ist es angebracht, den Blick zurückzuwenden, zu dem eingangs erwähnten Zitat aus dem Lehrs'schen Buch mit seiner Hervorhebung des Werdens.

Die Aufnahme der Erinnerungsinhalte in mein Dasein so, daß sie dessen harmonischer Teil werden, heißt nichts anderes als deren Einfügung in meinen Zeitorganismus. Die Betrachtung der Gedächtnisvorgänge gewinnt in geisteswissenschaftlicher Sicht gewissermaßen eine neue Dimension, insofern sie mit einem in seiner Besonderheit abgrenzbaren Zeitorganismus im Menschen zu rechnen vermag. Vielfältige Beobachtungsergebnisse Steiners über diesen Zeitorganismus, von ihm als Äther-Leib oder Bildekräfte-Leib bezeichnet, liegen vor, und in einer großen Anzahl seiner Publikationen wurden die entsprechenden Phänomene beschrieben.

Allen Vorstellungen von Speicherungsvorgängen haftet ein gewisses räumliches Denken an. Wenn von Speicherung die Rede ist, fühlt man sich sogleich gedrängt zu fragen, wo gespeichert wird. Das Wesen der Gedächtnisvorgänge liegt aber gerade darin beschlossen, daß sie allem Räumlichen enthoben und in ein rein Zeitliches überführt werden. Gedächtnis ist zu verstehen als ein Vorgang, in dem zeitliche Folge und Gleichzeitigkeit gewissermaßen in eins verschmelzen. Damit ist aber das innere Wesen des Gedächtnisses von vornherein über alle räumlich-kausal bedingten Verstehbarkeiten hinausgeführt. Mit dieser eigenartigen Verschmelzung von Folge und Gleichzeitigkeit werden wir uns nun zu beschäftigen haben.

An die Stelle der Speicherung muß der Begriff der Auflösung treten. Die Einfügung des Erinnerungsinhaltes in den Zeitorganismus des Menschen kann nur mit einem aufs äußerste gesteigerten Auflösungsprozess verglichen werden. Der Zeitorganismus speist sich aus denselben Quellen, wie die organischen Wachstumsvorgänge, insofern diese Ausdruck des Lebens sind. Von Zeit in nicht räumlich-mechanischem Sinne kann nur dort gesprochen werden, wo Wachstum vor sich geht. Leben, Wachstum und Zeit als nicht mechanischer Ablauf sind unauflösbar miteinander verbunden. Wenn zum Beispiel Kulp[11] meint: "Wir wissen nicht, was Leben ist. Es ist sehr naheliegend, daß wir es nie, und vielleicht deshalb nie wissen werden, weil unser Gehirn nicht imstande sein könnte, Leben als solches zu erkennen", so berührt er einen Punkt, von dem vieles abhängt. Ein menschengerechtes Verständnis des Gedächtnisses wird ohne Einbeziehung des Zusammenhanges Leben - Wachstum - Zeit nicht möglich sein. Eine der weitestreichenden Leistungen Steiners besteht darin, dieses einem neuen Verständnis zugänglich gemacht zu haben. Wenn auch unser Gehirn Leben als solches nicht ohne weiteres zu erkennen vermag, so zeigt gerade die Geisteswissenschaft, welche Entwicklungen der Mensch durchmachen muß, um sich mit seinem Verständnis einem neuen Erkennen des Lebens als solchem nähern zu können.

Ich ziehe an dieser Stelle zwei Erwähnungen des Gedächtnisprozesses durch Steiner aus den Jahren 1918 und 1921 heran.[12,13] Der wesentliche Gedankengang ist folgender. Die Annahme, daß die aus der Wahrnehmung gewonnene Vorstellung dem Gedächtnis einverleibt und später als solche wieder erinnert werde, geht von falschen Voraussetzungen aus. Man irrt sich also in der Empfindung, daß man in der Erinnerung die gleiche Vorstellung von einem Gegenstand oder einer Situation habe, die man durch die äußere Wahrnehmung gebildet hatte. Vielmehr muß die Erinnerungsvorstellung in gewisser Weise genauso als eine innerlich wahrgenommene *Neubildung* verstanden werden, wie die Wahrnehmungsvorstellung als eine äußere. Die Neubildung der Erinnerungsvorstellung beruht darauf, daß während der äußeren Wahrnehmung nicht nur die unmittelbare Vorstellung, etwa der wahrgenommenen Blume, gebildet wird, sondern daß gleichzeitig etwas ausgeübt wird, was Steiner als "organische Tätigkeit" bezeichnet. "Diese organische Tätigkeit bleibt zunächst dem Bewußtsein halb oder ganz verborgen, aber sie ist es, welche das Erinnern eigentlich bewirkt."[12] Was ist mit dieser organischen Tätigkeit gemeint? Wir müssen annehmen, daß gleichzeitig im Stoffwechselbereich Veränderungen bewirkt werden, wenn durch die Sinne eine Wahrnehmungsvorstellung gebildet wird. Steiner bezeichnet das auch als einen "zweiten Prozess"[13], der die äußere, zu einer Vorstellung führende Wahrnehmung begleitet. Dieser zweite Prozess ist wesentlich komplizierter und ausgedehnter als die Sinneswahrnehmung selbst. Daß er sich im ganzen Organismus, also nicht so sehr im Zentralnervensystem, sondern im gesamten Stoffwechselbereich des Organismus abspielt, bemerkt man zum Beispiel daran, daß das Erinnerungsvermögen doch sehr von der jeweiligen leiblichen Befindlichkeit, der leiblichen Disposition abhängt. Weiterhin wird, wie wir noch sehen werden, im Heilpädagogischen Kursus der ganze Gedächtnisvorgang mit den Eiweißprozessen des Organismus in unmittelbaren Zusammenhang gebracht. Erinnern heißt also im Steinerschen Sinne nicht, die ins Unterbewußte abgewanderte und so vergessene Vorstellung als solche wieder ins Bewußtsein zu heben, sondern es bedeutet, daß im Organismus, und zwar in seinem Stoffwechselbereich, zugleich mit der ersten Wahrnehmung Veränderungen hervorgerufen wurden, aus denen heraus unsere Erinnerungsvorstellungen sich gänzlich neu zu bilden vermögen. "Wer überhaupt seelische Vorgänge beobachten kann, der findet, daß eine Erinnerungsvorstellung als Vorstellung durchaus eine Neubildung ist, daß sie sich in ähnlicher Weise bildet, wie sich die Wahrnehmungsvorstellung bildet; nur daß das eine Mal der Vorgang von außen nach innen, das andere Mal von innen nach außen verläuft, daß das eine Mal die Veranlassung als Wahrnehmung deutlich vor das Bewußtsein tritt, das andere Mal dem Bewußtsein als ein innerer, an den Organismus geknüpfter Vorgang verborgen bleibt."[12]

Der Unterschied zwischen der Annahme des Hervorholens, gewissermaßen der Entspeicherung der gleichen ersten, an der Sinneswahrnehmung gebildeten und dann vergessenen Vorstellung im Akte des Erinnerns und der "Neubildung" im Steinerschen Sinne ist zwar sehr fein, aber dennoch von allergrößter Bedeutung. Eine Konsequenz der Neubildung liegt in der Bezogenheit der Erinnerungsvorganges auf den menschlichen Zeitorganismus. Der eben in der anthroposophischen Literatur vielfach beschriebene Bildekräfteleib ist gleichermaßen der Bereich innerhalb der menschlichen Organisation, aus dem sich Lebens- und Wachstumsvorgänge wie auch die Zeitempfindung herleiten. Es ist deshalb nur folgerichtig, wenn Steiner den eigentlichen Erinnerungsakt so betrachtet, daß ihm metamorphosierte Wachstumskräfte zugrunde liegen.

Ich sprach weiter oben von jener wichtigen Gegenüberstellung: Das Ich darf nicht mit seinen Eindrücken identisch werden, muß sich immer wieder aus ihnen herausschälen. Andererseits sollen die aufgenommenen Eindrücke nicht wie ein Fremdkörper im Menschen, besonders im Kinde leben, vielmehr Teil der inneren Geschlossenheit des Selbsterlebens werden. Das kann nur dadurch geschehen, daß dem Auftreten der Erinnerungsvorstellungen, ihrer Neubildung, Kräfte der gleichen Art zugrunde liegen, wie diejenigen sind, die zur organischen Bildung des Leibes geführt haben. Wir werden später sehen, daß die genannte Gegenüberstellung ihre pathologische Erscheinungsweise in Zwang und übermäßiger Vergesslichkeit findet. Denn jener Vorgang, der gemeint ist, wenn von dem Identisch-werden des Ich mit seinen Eindrücken die Rede ist, mündet ein in alles zwanghafte Seelenerleben. Und dann, wenn der Prozess der Neubildung so gestört ist, daß er sich nicht genügend ins Bewußtsein heben kann, haben wir es mit pathologischer Vergesslichkeit zu tun. Beides ist gleich hemmend für eine harmonische Persönlichkeitsentwicklung und ein Grundproblem heilpädagogischer Erziehung.

Wir müssen hier einen vergleichbaren Tatbestand aus der Sinneslehre heranziehen. Einer der Sinne, die durch Steiner zur Vervollständigung der

Sinneslehre beschrieben wurden, ist der von ihm sogenannte Lebenssinn. Eingehende Interpretationen dieses Sinnes wurden verschiedentlich gegeben.[14,15,16] Sein Wahrnehmungsgebiet hat innerleibliche Zustände wie etwa Wohlbefinden und Müdigkeit zum Inhalt. Damit besteht eine gewisse Wahrnehmungsfähigkeit für die organische Wirkung der Bildekräfte, insofern diese solchen Phänomenen wie Wohlbefinden oder Müdigkeit zugrunde liegen. Darüber hinaus bedeutet dieser Sinn sehr viel für das Verhältnis des Menschen zu seinem Leib. Er ermöglicht nämlich die Empfindung "Ich und mein Leib sind eins"; nicht identisch, sondern eben "eins". Mit diesem Eins-sein ist ein Zustand charakterisiert, der gleichzeitig aussagt: Ich bin mehr und noch anderes als mein Leib, und doch sind wir beide in einer Weise eins, die nur erlebt und nicht weiter beschrieben werden kann. König hat die Störung dieses Erlebnisses eingehend abgehandelt.[14] Kennzeichnend ist es, daß Aeppli den Lebenssinn gleichzeitig als Zeitsinn bezeichnet.[15]

In entsprechender Weise bewirkt das Hervorheben der Erinnerungsvorstellungen als Neubildung aus metamorphosierten Wachstumskräften eine Empfindung, die sich im idealen Fall genauso in dem Erlebnis ausdrückt: "Ich und meine Erinnerungen sind eins". Und wiederum müssen wir hinzufügen: aber nicht identisch. Denn wenn das zu geschehen droht, treten sofort Züge auf, die einen gewissen zwanghaften Charakter annehmen.

Hier ist ein wirklicher Zugang vorhanden zu der so rätselhaften Frage nach der Art jener Kräfte, die letzten Endes das Erinnerungsgeschehen hervorzubringen vermögen. Nur ist dieser Zusammenhang nicht ohne weiteres zu durchschauen, eben weil sich der "Wachstums- oder Bildevorgang", wie er in der Erinnerungskraft zutage tritt, sowenig der unmittelbaren und naiven Selbstreflexion erschließt, wie das "Leben als solches". Das ist in der zitierten Bemerkung Steiners klar zum Ausdruck gebracht, wenn es heißt, daß der Erinnerungsvorstellung ein "innerer, an den Organismus geknüpfter Vorgang" zugrunde liegt, der dem Bewußtsein verborgen bleibt. Vor das Bewußtsein tritt nur sein Ergebnis, der Erinnerungsinhalt. Die Kenntnis dieses an den Organismus geknüpften Vorgangs, der bedingt ist durch die "organische Tätigkeit", von der oben im Zusammenhang mit dem Entstehen der Wahrnehmungsvorstellungen die Rede war, ist Ergebnis der geisteswissenschaftlichen Forschung. Die praktische Arbeit mit dieser Einsicht kann das heilpädagogische Handeln außerordentlich befruchten.

Schließlich müssen wir noch einen Blick auf die Rolle der Phantasiekräfte im Erinnerungsgeschehen werfen. Sie können kaum von den Bildekräften der Erinnerungsvorstellungen abgegrenzt werden und stellen ebenso wie diese und wie das individuelle Zeitempfinden[17] Metamorphosen der frühkindlichen Wachstumskräfte dar. Ihre Verschmelzung mit den Bildekräften der

Erinnerungsvorstellungen ist das entscheidende Element, aufgrund dessen das Gedächtnis über eine reine Reproduktionsleistung hinausgehoben wird. *Der Hinweis auf diese Verschmelzung stellt das eigentliche Anliegen der hier unternommenen Betrachtung der Steinerschen Gedächtnislehre dar.* Damit ist gesagt, daß keine gesunde Erinnerungsvorstellung jemals eine reine Duplikation der primären Wahrnehmungsvorstellung sein kann. Immer ist sie bereichert um einen aus dem "Wissen" des Unterbewußten stammenden Einschlag, insofern um ein Neues, eben um ein Phantasieelement. Das gleiche "Wissen", aus dem heraus der Organismus des Kindes gebildet wurde, belebt in metamorphosierter Weise aus den Kräften des Unbewußten heraus jede Erinnerungsvorstellung. Fucke hat kürzlich die Beziehung zwischen Erinnerungsvorstellung und Phantasie in einer für unseren Zusammenhang sehr interessanten Darstellung aufgegriffen.[18]

Ob aber die Belebung der Erinnerungsvorstellung durch die Wirkungen der Phantasie ausreichend vor sich gehen kann, hängt sowohl von dem Inhalt des Vergessenen als eben auch von der bewußtseinsmäßigen Gestaltung des Vergessens selbst ab. Heilpädagogisch gesehen spielt es beispielsweise eine ungleich größere Rolle für die Gesamtentwicklung gerade auch schwerer behinderter Kinder, daß die Inhalte, die an das Kind herangebracht werden, so gestaltet sind, daß dem Vergessen gewissermaßen eine unausgesprochene Frage mitgegeben werden kann, als daß jede Einzelheit sogleich begrifflich verstanden wird. Selbstverständlich gibt es da Unterschiede. Beim Rechnen zum Beispiel wird man meist schon darauf bestehen müssen, daß gewisse Dinge verstanden sind, bevor neue Schritte gemacht werden. Aber dort, wo es sich um den entscheidenden Prozess der Reifung der Persönlichkeit handelt, ist doch niemand mehr als das Seelenpflege-bedürftige Kind darauf angewiesen, Dinge zu hören, die so geartet sind, daß eine heimliche Frage in ihnen steckt, deren Antwort das Kind dann allmählich aus den eigenen schöpferischen Kräften des Vergessens und Erinnerns heraus erleben kann. Denn das Schöpferisch-Neubildende im Menschen bringt sich durchaus im Vergessen und Erinnern zur Geltung, gleichgültig ob es sich dabei nur um Geringfügiges oder um bedeutungsvolle Einfälle handelt. Das Einfließenlassen künstlerischer Methoden in die Art und Weise, wie die Dinge an das Kind herangebracht werden, bekommt in dieser Sicht besonders Gewicht. Man kann immer wieder beobachten, wie gerade ziemlich schwache Kinder nach längerer Zeit - unter Umständen nach Jahren - auf Dinge zu sprechen kommen, von denen man zunächst den vermeintlich sicheren Eindruck hatte, sie hätten sie überhaupt nicht verstanden. Vieles an modernen Testverfahren ist unter anderem deshalb problematisch, weil diese Verhältnisse nicht genügend erfaßt werden können.

Das heilpädagogische, das im eigentlichen Sinne erzieherische und für das Kind letzten Endes Verhaltens-bestimmende Element tritt nicht dort in Erscheinung, wo gefragt wird, auf welche Weise irgendwelche Inhalte, gedanklich oder im Verhalten möglichst effektiv reproduziert werden können und nach welchen Methoden man zu suchen habe, um das zu erreichen. Der bildende Prozess, auf den es wirklich ankommt, liegt vielmehr da, wo es um die Ausgewogenheit, um die Harmonie in jenem Geschehen geht, daß sich zwischen Vergessen und Erinnern abspielt. Darauf sollte der Blick des Heilpädagogen ruhen.

Das untrennbare Ineinanderfließen der in der Erinnerungsvorstellung wirksamen Bildekräfte mit der gestaltenden Phantasie bewahrt das Ich davor, mit seinen Eindrücken identisch zu werden. Positiv ausgedrückt macht es allein diese Verschmelzung dem Ich möglich, sich unter den Evolutionsbedingungen der Gegenwart als solches zur Erscheinung zu bringen.

Ein Durchschauen dieser Zusammenhänge verlangt allerdings unumgänglich, das Urphänomen individueller menschlicher Entwicklung, das ist die Metamorphose organischer Bildekräfte in seelische Vorgänge, in Betracht zu ziehen. Ohne dieses Resultat geisteswissenschaftlicher Forschung zu berücksichtigen, wird sich das Ineinanderwirken von Bewußtseinsvorgängen und anatomischer Struktur im menschlichen Dasein niemals erhellen können. Das Gedächtnis ist im eminentesten Sinne ein Feld des Zusammenwirkens physiologischer und übersinnlicher Wirkungen im Menschen.

"Leib - Seele, kein Scheinproblem" lautet die Überschrift eines kürzlich erschienenen Aufsatzes.[19] Das ist es in der Tat nicht, und im Umgang mit behinderten Kindern wird das täglich aufs neue deutlich. Wirklich verstehbar wird es erst durch die Kenntnis vom Wandel der Bildekräfte.

Folgende Anmerkung Steiners, die für viele andere steht, soll diesen Abschnitt beschließen: "Was ist denn das eigentlich, was sich da als die Summe unserer Erinnerungsvorstellungen, meinetwillen auch als die Summe unserer Phantasievorstellungen aus unserem Innern entwickelt? - Es ist nichts anderes als die Umbildung desjenigen, was, bevor es sich metamorphosiert zu der Kraft der Erinnerung, zu der Kraft der Phantasie, in uns lebt als Wachstumskraft."[20]

Der vierfache Zusammenklang der Wesensglieder

Wir haben einige Wesenszüge des Vergessens betrachtet und den Erinnerungsvorgang als Neubildung erkannt. Wir müssen nun unsere Aufmerksamkeit der Entstehung des Vorstellungs- und Erinnerungs*bildes* zuwenden. Ausgedrückt mit den Bezeichnungen der menschlichen Wesensglieder, wie sie in der anthroposophischen Literatur verwendet werden, ist die Neubildung der Erinnerungsvorstellung eine Tätigkeit, die dem Bildekräfteleib und dem physischen Organismus zukommt. Beides geht wegen jener, das Individuelle in der menschlichen Entwicklung begründenden Kräftemetamorphose unmittelbar ineinander über. Steiner beschreibt diese Beziehung in einer mehr philosophischen Auseinandersetzung so, daß man die Vorstellungen, die später erinnert werden, während sie sich im Unbewußten befinden, innerhalb des Bildekräfteleibes zu suchen hat. Wie erwähnt wurde, ist dieser gleichzeitig der menschliche Zeitorganismus. "Die Tätigkeit aber, durch welche die im Lebensleib verankerten Vorstellungen erinnert werden, gehört dem physischen Leib an."[21] Dieses Verständnis des Vergessens und Erinnerns als eines Prozesses, der Stoffwechselvorgänge miteinbezieht, macht ohne weiteres die heilsame Wirkung eines gesunden Vergessens und das Schädigende des Nicht-Vergessen-Könnens, zum Beispiel in zwischenmenschlichen Verhältnissen, deutlich. Allerdings trifft die Schädlichkeit eben denjenigen selbst, dem das Vergessen nicht oder nur schlecht gelingt. Denn der Mensch ist offenbar in dieser Beziehung so konstituiert, daß jene physisch-ätherischen Kräfte, die das zu Vergessende in sich aufnehmen, in sich auflösen, dann, wenn sie nicht in individuell angepaßter Weise in Anspruch genommen werden, selbstkränkende Zustände bewirken, die jeder an sich selbst erleben kann, wenn ihm das Vergessen einmal nicht leicht gelingt.

Alle diese organisch-ätherischen Abläufe als Quelle der Neubildung würden aber in sich noch nicht Erinnerung bedeuten können, wären sie nicht durchdrungen von aus dem Seelischen sich herleitenden Bildinhalten und dem im Ich auftretenden Prinzip der Dauer. Wenn wir daher jetzt nach dem Ursprung der Vorstellungs*bilder* fragen, so wie sie durch Vergessen und Erinnern gehen, und wenn wir sie in den Bereich des Seelischen (des Astralleibes) verlegen, dann ist das nur möglich, wenn diesem Seelischen ein in sich wesenhafter Charakter zuerkannt wird. Die Untersuchung und neue Erkenntnis des Wesenhaft-Seelischen ist einer der Hauptinhalte der Anthroposophie und in diesem Hefte von den verschiedensten Seiten her betrachtet. Eng damit verbunden ist die Einsicht in das wechselnde Leib-Seele-Verhältnis im Schlafen und Wachen. Es ist hier nicht der Raum, um über die Ergebnisse der geisteswissenschaftlichen Untersuchungen von dem ganz anderen Verhältnis, das sich zwischen Organisch-Ätherischem und Seelisch-Ichhaftem im Schlafe herstellt, umfänglich zu berichten. Es erhellt sich aber daraus beispielsweise die bis heute unbeantwortete "Kardinalfrage, warum wir schlafen."[22] Eine übrigens ebenso unbeantwortete Frage scheint diejenige nach der eigentlichen anthropologischen Stellung des Träumens zu sein, das heißt nach dem wahren Ursprung der traumbildenden Kraft im Menschen. Denn daß der Mensch sich tiefenpsychologisch über den einen oder anderen Zug seines Wesens mit Hilfe von Träumen ein wenig aufzuklären vermag, besagt durchaus noch nichts über die wirkliche Natur und Bedeutung der traumbildenden Kraft als solcher.

Wir müssen hier nun gerade diesen für unsere Fragestellung wichtigen Teilaspekt von Schlaf und Traum heranziehen, nämlich die der Seele innewohnende traumbildende *Kraft*. Es muß in der Seele eine Kraft vorhanden sein, die imstande ist, die Bilder des Traumes zu formen und sie im Traume vor die Seele selbst hinzustellen. Wir bemerken diese Kraft, wenn aus dem traumlosen Tiefschlaf die Traumbilder beginnen in das Bewußtsein hineinzuspielen. Die Seele ist ihrer selbst im Tiefschlaf nicht bewußt. Das Auftreten der Traumbilder ist Ausdruck der beginnenden Hereinwirkung der Seele in Bildekräfteleib und physischen Organismus, also des Vorganges, den wir als Erwachen bezeichnen. Im Vorgang dieser Hereinwirkung bis zum gänzlichen Erwachtsein tritt etwas ein, was Steiner als "Verstärkung" der traumbildenden Kraft der Seele durch den physischen und Bildekräfteleib bezeichnet. "Was tut sie (die traumbildende Kraft), indem sie stark wird? Nun, sie bildet im Menschen die Erinnerung, das Gedächtnis aus. Erinnerung, Gedächtnis ist nichts anderes als die im physischen und Ätherleib verkörperte, traumbildende Kraft."[23]

Um das einzusehen, muß allerdings der Begriff des Wesenhaft-Seelischen in seinem ganzen Umfange, in der ganzen Breite dessen, was innerhalb der Anthroposophie darüber gesagt werden konnte, gefaßt werden. Das unbewußt bleibende Erleben der Seele im Tiefschlaf besteht, so wie es geisteswissenschaftlich geschildert wird, in dem Erleben einer "majestätischen Bilderwelt", in dem Eins-werden mit dem Wirken der kosmischen Bildekräfte. Das kosmosverwandte Wesen der Seele tritt dadurch zutage, daß die im Kosmos gestaltenden Bildekräfte, so wie sie schließlich zugrunde liegen der ganzen uns durch den Tag umgebenden natürlichen Umwelt, gewissermaßen verinnerlicht und individualisiert, durchgeistigend innerhalb der Seele jene Kraft ausmachen, die, aus der Dunkelheit des Tiefschlafes sich heraushebend, zuerst traumbildend wirkt. Sie wird dann aber, indem sie den physisch-ätherischen Organismus durchdringt, als mikrokosmisches Abbild makrokosmischer Bildung Ursache der Erinnerungsbilder, die sich in der Seele entfalten. Auf den wichtigen Zusammenhang dieser Kräfte mit den Sinnesprozessen kann hier nur hingedeutet werden.

So stellt sich uns die Erscheinung des menschlichen Gedächtnisses dar als ein Ineinanderfließen der "traumbildenden Kraft" mit alldem, was wir als

"Neubildung" gekennzeichnet haben. Für sich allein kann keines der beiden Prinzipien das hervorbringen, was im Menschen als Erinnerung lebt. Der eigentliche und innerste Charakter der Erinnerung besteht gerade in diesem Verhältnis, und zwar insofern beide Prinzipien getragen sind von dem die Dauer in sich enthaltenden Ich. Diese Dauer beruht darauf, daß das Ich nicht identisch wird mit der einzelnen Wahrnehmung, daß es im Gegenteil immer wieder "herausgeschält" wird aus seinen Eindrücken; nur dann kann Ich-Sein in Erscheinung treten und sich seiner selbst bewußt werden.

Von hier aus ergibt sich mühelos der Schritt zu den pathologischen Hauptphänomenen des Gedächtnisses, der übermäßigen Vergesslichkeit und dem zwanghafte Züge annehmenden Nicht-Vergessen-Können. Es wird von dem regelmäßigen oder unregelmäßigen Zustande der "Neubildungsprozesse", also von Stoffwechselvorgängen - nach Steiner spielen hier Fragen der chemischen Konstitution des Körpereiweisses eine Rolle - abhängen, ob deren Durchdringung mit der Erinnerungskraft, die wir als "traumbildende Kraft" kennengelernt haben, in einem ausgewogenen Verhältnis geschehen kann. Oder ob das Hereinwirken der Erinnerungskraft, bildlich gesprochen, zu tief, beziehungsweise in zu geringem Maße geschieht. Im ersteren Falle hätten wir dann einen Zustand vermehrter Vergesslichkeit, im zweiten das Auftreten von zwanghaften Zügen vor uns. Im Hinblick darauf heißt es eben im Heilpädagogischen Kursus:"...Denn alle Eindrücke, die wir von der Außenwelt bekommen, haben ihre Spiegelbilder in der Stoffwechsel-Gliedmaßenorganisation." Dieses Resonanzgeschehen, das hier als "Spiegelbilder" bezeichnet wird, unterliegt offenbar einem Gleichgewichtsprozess, der hin und her spielt zwischen zwei pathologischen Extremen, dem "Zurückgestoßen-werden" und dem zu starken "Aufgesaugt-werden" der Eindrücke. Diese Feststellung wird im Heilpädagogischen Kurs getroffen. Andererseits hängt das in Rede stehende Gleichgewicht zweifellos auch zu einem erheblichen Grade vom jeweiligen, dem Vergessen vorausgehenden affektiven und emotionellen Zustand der Seele ab, wie schon erwähnt wurde.

Die das Verhältnis der Seele zu ihrer sinnlichen Umwelt ausmachenden Züge der Sympathie und Antipathie wollen wir hier einmal zusammenfassen als Begehrlichkeit. Die Begehrlichkeit der Seele kann überhöht werden durch die Kraft des Ich zu einem Erleben der Welt, das von Liebe durchdrungen ist. Eine Vermehrung der unverwandelten Begehrlichkeit steht aber dem Ich entgegen. Jedes Übermaß an Begehrlichkeit, spontan vorhanden oder künstlich hervorgerufen, hemmt im Gedächtnisablauf die ausgeglichene Durchdringung des Bereiches der Neubildung durch die seelisch hervorgerufene Erinnerungskraft. Denn daß diese Erinnerungskraft, das Vorstellungsbild ganz aufgenommen, "aufgelöst" werde in den Zeitorganismus des Menschen, haben wir als eine Notwendigkeit erkannt für die "Aufrechterhaltung" des Ich. Nur dann kann die Erinnerungsvorstellung auf eine solche Art phantasievoll belebt werden, daß in freier Weise die Empfindung entsteht: Ich und meine Erinnerung sind eins. Ich glaube, es ist unmittelbar einsichtig, daß zum Beispiel eine Verbindung des Vergessens mit den seelischen Erlebnissen von Strafe und Belohnung, also mit intensivierten Zuständen der Begehrlichkeit, wie es heute vielfach in der Erziehung behinderter Kinder geschieht, künstlich Zwänge setzt, die grundsätzlich mit der Natur des Menschen als eines Ich-begabten Wesens nicht in Einklang gebracht werden können.

Das Gleiche gilt etwa für die Einwirkung des Fernsehens auf den Gedächtnisbereich. Auch hier bewirkt offenbar schon die Art des Sinneseindruckes, den das Fernsehbild als solches hervorruft, eine Art von Begehrlichkeit nach Wiederholung, ganz abgesehen von den meisten Inhalten. Es ist immer wieder zu bemerken, mit welcher oft geradezu zwanghaft wirkenden Eindringlichkeit Kinder, die lange vor dem Fernsehschirm gesessen haben, ihre Erinnerungen daran vorbringen. Noch stärker tritt das in Erscheinung, wenn sie untereinander davon sprechen. Überspitzt ausgedrückt möchte man sagen, sie begegnen sich in einer Welt gemeinsamen Zwanges.

Heilpädagogisch gesehen gewinnt so der Erinnerungsvorgang eine Bedeutung, die weit über das reine Reproduzieren von Lerninhalten hinausgeht. Die angemessene Pflege des Gedächtnisses ist der Weg, den das Seelenpflege-bedürftige Kind geführt werden sollte, um zu einem Bewußtsein seines in der Dauer lebenden Ich heranzureifen. Denn darauf beruht das Selbstbewußtsein. Und immer, wenn eine Entwicklungsstörung, wenn Seelenpflegebedürftigkeit vorliegt, ist es bedroht entweder von übergroßer Vergeßlichkeit oder von zwanghaften Zügen. Anders ausgedrückt kann man sagen, es stehen sich gegenüber Vergangenheitsverlust und ungenügende Zukunftserwartung. Immer wenn zwanghafte Züge auftreten, leidet die eigentliche und so notwendige Erwartung auf die Ereignisse von morgen. Und immer, wenn Vergeßlichkeit überhand nimmt, zeigt sich eine gewisse Art von seelischer Verlorenheit an dem Kind. Erkenntnis und Ausgleich des Spannungsfeldes zwischen den beiden Polen von vergangenheitsauslöschender Vergesslichkeit und zukunftabschneidendem Zwang ist eine der wichtigsten heilpädagogischen Aufgaben. Denn erst in dem Gleichgewicht zwischen beiden kann das Ich sich rein zur Erscheinung bringen.

Ich füge hier kurz die über 8 bezw. 6 Jahre gehende Beobachtung der Gedächtnisentwicklung bei zwei Kindern an. Es handelt sich um zwei Jungens, bei dem einen (B.N.) bestand eine extreme Gedächtnisschwäche, die in erfreulicher Weise aufgehellt werden konnte; bei dem anderen (P.M.) entwickelte sich unter unseren Augen ein ganz von Zwängen bestimmtes Verhalten. Wir haben beide Verläufe so aufgefaßt, daß im ersteren Falle der Prozess der "Neubildung" als gestört betrachtet werden mußte, im letzteren dagegen die Identifizierung des Ich mit seinen Eindrücken nicht genügend aufgelöst werden konnte.

B. kam 1966 im Alter von 9 Jahren wegen einer spastischen Lähmung der Beine, und weil die Rückständigkeit seiner geistigen Entwicklung auch die Einschulung in eine Sonderschule nicht erlaubte, zu uns. Er hatte ein rundliches, etwas pastös wirkendes Kindergesicht unter blonden Haaren und war von einer chronischen Mittelohrentzündung geplagt. Seine Sprache klang nasal und verwaschen und war von einer eigenartig unrhythmischen und gepreßten Atmung begleitet. Die Lähmung erlaubte ihm nur im Kniegang zu laufen. Die häuslichen Verhältnisse waren schlecht, häufiger Streit zwischen den Eltern und sehr ärmliche Lebensbedingungen. Kurz nach B.'s Ankunft bei uns fand sein Vater den Tod. Die Mutter heiratete wieder, und durch die ablehnende Haltung des zweiten Mannes wurde B. von jeglichem Familienzusammenhang abgeschnitten. Er machte von Anfang an eigentlich einen ganz "normalen" Eindruck bis eben auf eine äußerst hochgradige Gedächtnisschwäche. Gruppenbericht vom Sommer 1966: ".... allerdings kann er sich an nichts erinnern." Tatsächlich existierte für ihn nur die Gegenwart, alles Vergangene versank unweigerlich sofort in eine nicht mehr zugängliche Tiefe. Bis man ihm auf eine Frage antworten konnte, hatte er häufig schon wieder vergessen, was er gefragt hatte. Er lebte sozusagen geschichtslos, konnte sich nicht an der eigenen Vergangenheit orientieren, sondern nur an den Menschen, mit denen er es in einem bestimmten Augenblick zu tun hatte. Die Vergangenheit erhellte sich ihm gewissermaßen nur zufällig durch gelegentliche assoziative Gedankenverbindungen, etwa wenn ihm beim Strickunterricht einfiel, daß seine Mutter ja auch zu Hause gestrickt hatte. Dagegen nahm er häufig seine Zuflucht zum Erfinden aller möglichen Geschichten, in denen die Wirklichkeit nur eine bescheidene Rolle spielte. Wahrscheinlich war es ihm häufig gar nicht mehr möglich, überhaupt in seinem Leben Phantasiebilder und Wirklichkeit eindeutig zu trennen. In ihm arbeitete so etwas wie das von Minkowski[24] erwähnte "Fabulationsgedächtnis", das auf keine bestimmte Gegenwart bezogen wird und sich gewissermaßen beliebig zwichen Vergangenheit und Zukunft dehnt. Phänomenologisch gesehen war es so, als ob die aus den Wachstumskräften metamorphosierte neubildende Erinnerungskraft sich nur ungenügend entfaltete, zu stark im Organisch-Unbewußten verhaften blieb, aber gerade doch in den Fabulationstendenzen ihr Dasein manifestierte. Zu der starken Vergesslichkeit und dem Fehlen der notwendigen Kontinuität im eigenen Erleben kontrastierte sehr eigenartig ein stets lebendiger und großer Eifer, alles mögliche zu tun. Dieser meistens vorhandene, aber nicht genügend inhaltsvolle Tätigkeitsdrang erschien uns wie eine Art von Äquivalent zu der im Fabulieren steckengebliebenen Erinnerungskraft. - Einige Worte müssen noch über das soziale Verhalten von B. gesagt werden. Da zeigten sich auf eindrucksvolle Weise die Vorzüge des Vergessen-Könnens im täglichen Miteinander. B. war vom ersten Tag seines Hierseins an von einer Atmosphäre von Freundlichkeit, Zugewandtheit, mitmenschlichem Interesse und Anteilnahme umgeben wie kaum ein anderes Kind. Wie ein heller Schein lag allermeist die Unfähigkeit zu hadern um ihn und tut es heute noch. Als nach Jahren des Schweigens er von seiner Mutter eine Einladung für die Weihnachtsferien erhielt und diese bald darauf wieder abgesagt wurde, hatte er nach anfänglichem Schmerz die neue Situation bald hingenommen, nicht "verdrängt", sondern als Notwendigkeit des Lebens akzeptiert. In das ganze Bild gehört noch B.'s moralische Unanfechtbarkeit. Gruppenbericht von 1970: "B. hat eine moralisch unantastbare Sphäre um sich." Wir wollen hier nicht nach dem Ursprung der moralbildenden Kraft fragen; daß sie in der Intelligenz nicht gesucht werden kann, wurde an B. sehr deutlich

B. ist jetzt eine selbständige Persönlichkeit geworden. Er hat Schreiben, Lesen und die Bewältigung einfacher Rechenaufgaben gelernt, kann sich immer sinnvoll beschäftigen und hilft in der Gruppe mit. Sein Gedächtnis hat sich so gebessert, wie wir es kaum erwartet hatten. Er kann Gelesenes oder Gehörtes richtig wieder erzählen und bei Aufführungen lange Partien auswendig vortragen. Er geht gern in die Schule - er vermag jetzt mit einer Krücke aufrecht zu gehen - und hat Freude an Beobachtungen in der Natur. Gruppenbericht 1973: "B. hat jetzt eine Wachheit, die man vor einem Jahr noch nicht für möglich gehalten hätte." Wenn man B.'s Zustand heilpädagogisch-diagnostisch einordnen will, dann nicht als Schwachsinn, sondern als spezifische Störung der Erinnerungsbildung im Bereich der metamorphosierten Wachstumskraft. Was er selber gewonnen hat, ist ein echtes Selbstbewußtsein durch das Ich-Erlebnis der Dauer, die Erfahrung seiner Biographie.

Ganz gegensätzlich ist die Entwicklung bei P.M. verlaufen. Er kam 1968 mit 12 Jahren zu uns aufgrund einer völlig ausgebliebenen Sprachentwicklung und zwar sowohl motorisch als rezeptiv. Er äußerte nichts, und ein Sprachverständnis fehlte praktisch gänzlich. Als Ursache hierfür wurde eine geburtsbedingte Gehirnschädigung angenommen. Seine Motorik war retardiert und ungeschickt, auch die Zungenmotorik deutlich beeinträchtigt. P. ist ein hübscher, zartgliedriger, etwas großköpfiger, dunkelhaariger Junge mit feinen Gesichtszügen, sprechender Mimik und einer beinahe etwas mädchenhaft wirkenden Gesamterscheinung. Trotz des gestörten Sprachbereiches fügte er sich gut und zwanglos in die verschiedenen Situationen des Tageslaufes ein, zwar etwas in sich gekehrt und antriebsarm, aber doch durchaus bereit, mit Blick, Mimik, Gestik und Betasten Kontakt zu suchen. Man hatte oft den Eindruck, daß er "verstand, daß er vieles nicht verstand", und seine Freude über verstandene Zusammenhänge war offensichtlich. Es bestand eine intensive Bindung an die ihrerseits um ihr einziges Kind sehr besorgten Eltern, und die Erwartung des nächsten Elternbesuches spielte eine große Rolle in P.'s Leben.

Trotzdem lebte er sich gut ein. Im Laufe von zwei Jahren erreichte er durch Heileurythmie und Sprachtherapie ein ziemlich gutes Wortverständnis, immerhin so, daß er relativ komplizierte Aufträge auf rein verbale Aufforderung hin ausführen und auch die Bedeutung der meisten Situationen gut verstehen konnte. Motorisch lernte er Silben und gelegentlich einzelne Worte zu sagen; es entwickelte sich auch ein deutliches Mitteilungsbedürfnis.

Gewissermaßen gegenläufig zu dieser erfreulichen Entwicklung kam es etwa in der Zeit zwischen seinem 14. und 16. Lebensjahr ohne erkennbare äußere Ursache und mit zunehmender Intensität zum Auftreten von allen möglichen Zwängen. Rückblickend stellt sich der Ablauf als ein langsam und stetig sich steigernder Zustand des Nicht-Vergessen-Könnens in ganz pathologischen Formen dar. Beispielsweise rechnete er an einem bestimmten Sonntage mit dem Kommen seiner Eltern und deren Teilnahme an der regelmäßig abgehaltenen Sonntagsfeier. Wider Erwarten kamen sie nicht, was der Anlaß dafür war, daß er in den kommenden Wochen durchaus nicht dazu zu bewegen war, weiter an den Sonntagsfeiern teilzunehmen. Aus oft schwer erkenntlichen Anlässen engte sich der Spielraum, den ihm seine Zwänge im Tagesablauf ließen, immer mehr ein. Er konnte aus irgendeinem Grund eines Tages nicht mehr die Treppe bewältigen, und mit jedem Tag wurde das Herabsteigen der Treppe zum größeren Problem. Er "vergaß" die Schwierigkeiten der Treppe am ehesten, wenn man sich ganz intensiv mit einem anderen Kind beschäftigte und ihn dann nur beiläufig die Treppe mit hinunternahm. Die gleiche Situation entwickelte sich beim Betreten des Eßzimmers. Auf dem Schulweg überfiel ihn plötzlich irgendeine Vorstellung, die es ihm ganz unmöglich machte weiterzugehen. Konnte er sie vergessen durch die Bitte, dem Lehrer einen Blumenstrauß zu überbringen, war alles in Ordnung. Die vielfältigen Variationen dieser Zwänge, des Nicht-Vergessen-Könnens haben sich weiter gesteigert. Er konnte nur an dem bestimmten Platz sitzen, der ihm einmal zugewiesen wurde. Beim Gang in die Werkstatt mußte er eine bestimmte Strecke einhalten, an einem bestimmten Punkt stehen bleiben u.s.w. Bei allen möglichen Gelegenheiten tauchen offenbar vor seinem Bewußtsein Vorstellungen auf, die ganz aus dem Fluß der Zeit herausfallen und in ihm anscheinend mit so nackter Gegenständlichkeit wirken, daß es ihm eben unmöglich ist, sie zu umgehen, ohne daß ein anderer Mensch ihm beim Vergessen behilflich ist. Häufig sind diese Zustände auch sehr angstbetont. - Neben diesen zwanghaften Krisen lebt in P. ein Halt und Beziehung suchender, oft überraschend vernünftiger, seelisch empfindsamer und zu beeindruckender Mensch. Während einer Erkrankung seines Gruppenvaters wich er kaum von dessen Tür. Wer den Kranken betreute, gewann sofort P.'s Zuneigung. - In letzter Zeit hat sich sein Verhalten ganz allgemein wieder aufgelockert, er hat ziemlich selbständig Weben gelernt und kann sich auch viel freier dem Tageslauf einfügen.

Das Phänomen steht deutlich vor dem Beobachter, der diese Veränderungen miterlebt: das "identisch werden" mit bestimmten Eindrücken, die nicht ausreichend durch die Sphäre des bereichernden Vergessens geführt werden können, die nicht mit dem notwendigen Einschlag an Phantasie und Bildhaftigkeit durchdrungen werden. Das genaue Verständnis der im einzelnen wirksamen Ursachen ist nicht einfach. Immerhin scheinen die Zwänge, die, wie erwähnt, um das 14.Jahr herum mit einem deutlichen Bruch in der bis dahin abgelaufenen Entwicklung begannen, jetzt mit 18 Jahren sich wieder zu mildern.

Was neben den mancherlei Dingen des heilpädagogischen Tageslaufes dem einen geholfen hat, die Erinnerungskraft zu stärken und dem andern, nicht gänzlich seinen Zwängen zu erliegen, sondern sie langsam wieder etwas zu überwinden, ist in den Beschreibungen des Heilpädagogischen Kursus enthalten. Im ersteren Falle müssen rhythmische Wiederholungen angewendet werden. "Es wird sich also vorzugsweise darum handeln, daß man für solche Kinder, bei denen die Eindrücke verschwinden, durch rhythmische Wiederholung hervorruft bestimmte Eindrücke, die man etwa alle drei bis vier Wochen wechseln kann, daß man immer wieder von außen solche Eindrücke bringt und dadurch das Innere freilegt .... Worauf beruht da die Sache? Die Sache beruht darauf, daß das Innere die Eindrücke nicht zurückgibt, also es geht etwas zu Schwaches von unten herauf, das ist negativ. Bringen wir dagegen ein Starkes von oben heran, so regen wir das Schwache hier zu einer stärkeren Tätigkeit an."[1] Rhythmus ist das stärkste Mittel zur Anregung der die Erinnerungsvorstellungen hervorbringenden Lebensvorgänge. Welche Eindrücke rhythmisch an das Kind heranzubringen sind, ist der Intuition des Heilpädagogen überlassen. Beispielsweise ein täglich wiederholter kleiner Vers oder etwas ähnliches. Es gibt im heilpädagogisch gestalteten Tageslauf reichlich Gelegenheit, künstlerisch-lebendige Eindrücke rhythmisch für das Kind und durch das Kind zu wiederholen.

Ganz anders im zweiten Fall. Hier geht es nicht um den Rhythmus, sondern darum, die zwanghaften Eindrücke zu mildern, denen sich das Kind nicht entziehen kann. Das geschieht durch den Versuch, leise, "raunend", wie sich Steiner ausdrückt, die Zwänge immer wieder sprachlich aufzulösen. Der auf diese Weise gewissermaßen vom Heilpädagogen für das Kind verbalisierte und "entschärfte" zwanghaft wirkende Vorstellungsinhalt kann leichter objektiviert und vergessen werden. - Diese kurzen Hinweise mögen hier genügen, die ausführliche Schilderung dieses Vorgehens findet sich im Heilpädagogischen Kursus. Dort ist auch ausführlich die Rede davon, welche Art von Anschauungskraft man dem Kind gegenüber anwenden muß, um die notwendige Intuition zu erreichen.

Interessant ist das Prinzip der täglichen Wiederholung in der Therapie der Vergesslichkeit. Der 24-Stunden Rhythmus, ein Tag-Nach-Wechsel, korrespondiert dem menschlichen Ich, den übrigen Wesensgliedern entsprechen andere Rhythmen.[25] Also nicht darauf, daß der Eindruck selbst rhythmisch gestaltet ist, kommt es an, sondern er soll in einem dem Ich-Bewußtsein zugehörigen zeitlichen Rhythmus an das Kind herangebracht werden. Auch nicht eine affektive Besetzung darf das "Starke" des Eindrucks ausmachen, sondern allein diese sich an das Ich wendende rhythmische Wiederholung.

Selten ist ein Teil des Gedächtnisses, die Fähigkeit zu vergessen oder die Kraft zu erinnern, in einem Kind in so radikaler Weise pathologisch vereinseitigt, wie in den hier geschilderten Fällen. Häufig finden sich in wechselnder Weise mehr oder weniger ausgeprägte Störungen von beiden Bereichen in ein und demselben Kinde. Das Gleichgewicht zwischen ihnen herzustellen ist eigentliche heilpädagogische Aufgabe. Nicht die einseitig gesuchte Reproduktionsleistung ist es, die das behinderte Kind zu einem inhaltsvollen Menschenleben führt, sondern die Ausgewogenheit in der Gänze des Gedächtnisses. Daraus erwächst das Selbstbewußtsein, darin erlebt sich das Ich.

Gestalt und Gedächtnis

Alles bisher Gesagte bliebe unvollständig, wenn nicht noch von der menschlichen Gestalt die Rede wäre. Von ihr gehen Wirkungen aus, ohne die Gedächtnisvorgänge in der freien Art, wie sie dem Menschen zur Verfügung stehen, nicht denkbar wären. Die Polarität, die in der *Formung* der sinnlich-bildhaften Wahrnehmungsvorstellung und der *Neubildung* der Erinnerungsvorstellung gegeben ist, findet ihr gestaltliches Gegenbild in der Polarität von

Kopf- und Sinnesorganen einerseits, Gliedmaßen und Stoffwechsel andererseits.

Der Zusammenhang zwischen Gestaltwirkungen und Gedächtnisvorgängen wird dann deutlich, wenn eine Beziehung zwischen Gestalt und Bewußtseinsprozessen angenommen werden kann. Diese Beziehung hat Steiner 1917 festgestellt und damit erstmals einen tragfähigen Boden für die Erkenntnis alles dessen geschaffen, was ganz allgemein als "Leib-Seele-Problem" gekennzeichnet werden kann.[21] Grundlage seiner Auseinandersetzung ist die dreifache Gliederung sowohl des gestaltlich-physiologischen als auch des seelischen Bereiches. Die gestaltlich-physiologische Gliederung findet ihre Erscheinung in Nervensystem und Sinnesorganen mit hauptsächlicher Lokalisation im Schädel; in den rhythmischen Vorgängen von Atmung und Kreislauf, vorwiegend im Brustkorb; in den Stoffwechselprozessen, gestaltlich am ausgeprägtesten in Gliedmaßen und Leib. Steiner betont streng, daß selbstverständlich nervöse, rhythmische und metabolische Vorgänge von ihm als die ganze Gestalt und damit sich gegenseitig durchdringend verstanden werden; dennoch sind ihre gestaltlichen Schwerpunkte unverkennbar.

Die auftretende seelische Gliederung zeigt sich in Vorstellungsbildung, Gefühl und Wille. Das jeweilige Bindeglied gewissermaßen zwischen der dreifachen Bezogenheit: Vorstellungsbildung - Nervensystem - Kopf; Gefühlsleben - rhythmische Vorgänge - Brust; Wille - Stoffwechsel - Leib-Gliedmaßen; wird erkennbar als dreifache Bewußtseinsstufung. Im ersteren Falle erlebt sich das Selbst vollbewußt, im zweiten halbbewußt, im letzteren unbewußt. Gerade die Unbewußtheit des den Stoffwechselvorgängen korrespondierenden Willens erörtert Steiner ausführlich. "Man wird bei genauer Betrachtung des hier in Frage Kommenden bemerken, daß man das Wollen ganz anders erlebt als das Vorstellen. Das Letztere erlebt man, wie man etwa eine von Farbe bestrichene Fläche sieht; das Wollen so, wie eine schwarze Fläche innerhalb eines farbigen Feldes. Man 'sieht' innerhalb der Fläche, auf der keine Farbe ist, eben deshalb etwas, weil im Gegensatz zu der Umgebung, von der Farben-Eindrücke ausgehen, von dieser Fläche keine solche Eindrücke kommen: man 'stellt das Wollen vor', weil innerhalb der Vorstellungs-Erlebnisse der Seele an gewissen Stellen sich ein Nicht-Vorstellen einfügt, das sich in das vollbewußte Erleben hineinstellt, ähnlich wie die im Schlafe zugebrachten Unterbrechungen des Bewußtseins in den bewußten Lebenslauf."[21]

Die Gestalt ist der sichtbare Ausdruck dafür, daß der Mensch nicht nur in seinem Wachleben mehrere Bewußtseinsstufen gleichzeitig in sich zu vereinigen vermag, sondern daß darüber hinaus auf die wunderbarste Weise eine immer neue kreative Wechselbeziehung zwischen diesen vor sich gehen kann - eben Vergessen und Erinnern. Die unendliche Vielfalt individueller menschlicher Gestaltverhältnisse im Hinblick auf diesen ihren dreifachen Charakter spiegelt die ebenso unendliche Vielfalt individueller Bewußtseinsbildungen und Gedächtnisprozesse.

Auf solchen Voraussetzungen beruhen die auf das Gedächtnis hinweisenden Ausführungen des Heilpädagogischen Kursus, allerdings um einen grundlegenden Schritt erweitert. Dieser besteht in der Einführung der Dimension von "innen und außen" und zwar dort, wo es sich um die gestaltliche Wirkungsweise oder besser Bezogenheit der "Wesenglieder" handelt, von denen im vorigen Abschnitt die Rede gewesen ist. Es ist ein schwieriger, aber notwendiger Gedankenschritt, beispielsweise zu erkennen, daß im Kopfbereich das Ich sich als ein "Innen", für die Gliedmaßen dagegen als ein "Außen" erlebt. Jede konzentrierte Bewußtseinsleistung verlangt mit Bezug auf den Kopf ein Innenerlebnis; je stärker die Empfindung des Mittelpunktes, desto besser die Konzentration. Dagegen orientiert sich die harmonische Gestaltung einer Bewegung an dem, wenn auch ganz dumpfen Erleben des äußeren Grenzbereiches der Gliedmaßen. Die Intensität des "Umkreiserlebnisses" bestimmt Harmonie und Ausdruck jeglicher Bewegung. Die Polarität der umschließenden Schädelkapsel und des Innenskelettes der Gliedmaßen erschöpft in sich eben nicht die Gesamtheit gestaltlicher Differenzierung, sondern sie kann gewissermaßen verstanden werden als eine Hindeutung auf das, was sich geistiger Untersuchung über die gegensinnige Anordnung der "Wesensglieder" im Kopf- und Gliedmaßenbereich ergibt. Es besteht diese Gegensätzlichkeit des "innen und außen" nicht nur für das Skelett, sie besteht ebenso für den Bildekräfteleib (Ätherleib), für das eigentliche Seelische (Astralleib) und für die Kräfte des "Ich". Die Schilderung dieser Verhältnisse geht im Heilpädagogischen Kursus dem eingangs angeführten Zitat (siehe S. 51) über den Zusammenhang zwischen Ich und Gedächtnis voraus.

Daß ein solches *Resonanzgeschehen* zwischen dem bewußten Kopf-Menschen und dem unbewußten Gliedmaßen-Stoffwechsel-Menschen vor sich gehen kann, wie es das Vergessen und Erinnern eigentlich ist, hat seine Ursache in der *gegensätzlichen* Bezogenheit der Bewußtsein-formenden Kräfte - Seelisches und Ichhaftes — und der neubildenden Kräfte — Physisches und Ätherisches — des menschlichen Wesens, dort wo wir von innen und außen bei Kopf und Gliedmaßen sprechen können. Die Aussage des Heilpädagogischen Kursus bestimmt den Gliedmaßenbereich der Menschengestalt dadurch, daß ein Innen-Außen-Verhältnis zwischen Physisch-Ätherischem einerseits und Seelisch-Ichhaftem andererseits vorliegt. Das wird folgendermaßen ausgedrückt: "Dagegen im Stoffwechsel-Gliedmaßensystem haben Sie die Sache so, daß eigentlich überall außen in der Wärme- und Drucksinnlichkeit des Organismus überall vibriert das Ich, und vom Ich ausgehend vibriert nach innen der Astralleib, denn weiter drinnen wird es ätherisch und in den Röhrenknochen wird es physisch nach innen."[1] Während der Kopfteil der Gestalt durch das von Ich und Seelischem ausgehende bewußte Innenerlebnis charakterisiert ist, sind dagegen Bildekräfte und Physis peripherischer Natur.

Welche Bedeutung haben diese Feststellungen für ein Verständnis der Gedächtnisvorgänge? Es wurde oben bei der Besprechung der Rolle, die die verschiedenen Wesensglieder im Prozess des Vergessens-Erinnerns spielen, folgende Bemerkung Steiners erwähnt: "Die in das Unbewußte gegangenen Vorstellungen, welche später erinnert werden, hat man, während sie unbewußt bleiben, als Vorstellungen in dem Gliede der menschlichen Wesenheit zu suchen, das in diesen Schriften als Lebensleib (Ätherleib) bezeichnet wird. Die Tätigkeit aber, durch welche die im Lebensleib verankerten Vorstellungen erinnert werden, gehört dem physischen Leib an."[21] Es besteht also offenbar ein Zusammenhang zwischen dieser sozusagen gemeinsamen Aufgabe der physisch-ätherischen Prozesse im Hervorbringen der neugebildeten Erinnerungsvorstellung und der Kategorie des "Innen".

Dieses "Innen" als gestaltliche Charakterisierung physisch-ätherischer Prozesse im Bereich der Gliedmaßen enthüllt seine Bedeutung am unmittelbarsten am Phänomen der Bewegung. Eine wesentliche Voraussetzung aller physischen Bewegung ist das gleichsinnige Verhalten, die Konkordanz zwischen physischer und ätherischer Struktur. Diese letztere macht sich beispielsweise dort erkennbar, wo Phantomgliedmaßen empfunden werden. Die sogenannten Phantomgliedmaßen können als ein Ausdruck der Wirksamkeit des Bildekräfteleibes (Ätherleib) im Bereich der Gliedmaßen angesehen werden. Die physische Gliedmaße und ihr ätherisches Gegenbild sind gestaltlich in entsprechender Weise gebildet. Durch Beobachtungen an Kindern mit durch Thalidomid bedingten Mißbildungen wurde erkennbar, daß die Phantomgliedmaßen nicht nur nach Amputationen auftreten, sondern auch bei mißgebildeten oder kaum entwickelten Gliedmaßen. Wir hatten erst kürzlich wieder Gelegenheit, dieses Phänomen eindrucksvoll zu beobachten. Ein Mädchen mit durch Thalidomid verursachten Fehlbildungen der Beine schilderte eines Tages im Alter von 10 Jahren unaufgefordert und ungefragt, daß sie am Abend im Bett plötzlich ihre wohlgebildeten Beine so deutlich empfand, daß sie in der völlig sicheren Erwartung, sie nun auch sehen zu können, die Decke zurückschlug - und auf das Bitterste enttäuscht war, daß physisch sich nichts geändert hatte. Immerhin gab ihr die nicht mehr auszulöschende Erfahrung wohlgebildeter, wenn auch unsichtbarer Beine den inneren Trost, daß sie doch auch richtige Beine habe. Eindrucksvoll für den Beobachter ist die hier verhältnismäßig spät auftretende spontane Herausgliederung der "ätherischen Gliedmaße".

Das normalerweise mehr oder weniger harmonische Zusammenstimmen, die gestaltliche und bewegungsmäßige Konkordanz zwischen physischer und ätherischer Gliedmaße scheint eine Voraussetzung für den Ablauf jeder ausgereiften Bewegung zu sein. Eine andere Notwendigkeit liegt in dem skizzierten Außen- oder Grenzerlebnis, das Ich-haften Charakter hat. Daß beispielsweise die Motorik des Kleinkindes sich so deutlich von jener des Schulkindes unterscheidet, wird unter anderem daran liegen, daß diese gestaltliche Differenzierung zwischen physischer und ätherischer Bildung sich eben erst im Laufe der Kindheit, meist im Zusammenhang mit dem Gestaltwandel, entwickelt.[17]

Von ganz anderer Art ist, wenn man Steiner folgt, der physisch-ätherische Zusammenhang dort, wo es sich um das Zentralnervensystem, insbesondere das Gehirn handelt. Da besteht eine ausgeprägte Diskordanz, insofern der physischen Ruhe des nervösen Zentralorgans eine starke Beweglichkeit seines übersinnlichen ätherischen Gegenbildes gegenübersteht. Diese Beweglichkeit eben ist eine Grundlage unseres bewußten Denkens im Gegensatz zur in ihrem inneren Ablauf unbewußt bleibenden Gliedmaßenmotorik.[26]

Hält man das mit den Darstellungen im Heilpädagogischen Kursus zusammen, dann zeigt sich, daß die dort eingeführte Bezeichnung des "innen-außen" Entscheidendes aussagt. Betrachten wir physischen und ätherischen Leib. Für Gliedmaßen und Stoffwechsel ist ihr "innen" gleichbedeutend mit Bewegungs-Konkordanz, für das nervöse Zentralorgan besagt ihr "außen" das Gegenteil. Ebenso wie die Bewegung ist die Neubildung der Erinnerungsvorstellung gebunden an das "innen" und die Bewegungs-Konkordanz des Physisch-Ätherischen im Stoffwechselbereich, während die Wahrnehmungsvorstellung nur durch das "innen" des Seelischen und Ichhaften im Kopfbereich entstehen kann. Werner bringt in einem medizinisch-menschenkundlich angelegten Aufsatz das "Tages-Ich", das im Zentrum der Kopforganisation erscheint, und das "Umkreis-Ich" des Menschen in ein Verhältnis zu den Kräften des Gewordenen und des Werdenden in der Welt."...Wie das Ich, der Astralleib, der Ätherleib und physische Leib je zwei Seiten haben (das ist mit Bezug auf die Gestalt gemeint, Verf.), sich zueinander polar verhalten, so auch die Welt: derjenige Teil der Welt, den wir durch die Sinnes-Nervenorganisation im Bild erleben, ist die Welt als Ganzes nur insoweit, als sie eine gewordene ist, die sich aus der Vergangenheit zu dem entwickelt hat, was sie heute ist. Dunkel und verborgen bleibt den Sinnen und dem an das Nervensystem gebundenen Denken dasjenige, was aus der Welt in der Zukunft werden wird."[28] Die Kräfte des Werdens, der Neubildung im Gegensatz zum Gewordenen haben in der Menschengestalt dort ihren Ort, wo Bewegung und Stoffwechsel im Vordergrund stehen, wo Physisch-Ätherisches im "innen" zusammenwirken. Es ist anzunehmen, daß dort jener oben erwähnte "zweite Prozess" angelegt wird, der die Erinnerungsvorstellungen später so hervorbringt, daß sie dem Bewußtsein innerlich wahrnehmbar werden. Eine Art von Resonanzgeschehen zwischen beiden Gestalt-Polen liegt dem menschlichen Gedächtnis zugrunde.

Ich füge an dieser Stelle eine weitere Beobachtung ein. Sie verdeutlicht, wie Gedächtnisvorgänge den ganzen Organismus einbeziehen und nicht nur als cerebrale Prozesse betrachtet werden dürfen. Wenn man Kinder, die an einer verbalen Legasthenie leiden[27], also die Buchstabenfolge im Wort nicht hören und nicht erinnern können, einzelne Worte, Buchstaben für Buchstaben, eurythmisieren, also in lebendigen Gesten erleben läßt, dann können sie dadurch die Buchstabenfolge besser aufnehmen. Sie meinen dann beispielsweise nicht mehr, das Wort Sonne fange mit dem Buchstaben o an. Sollen sie die so gelernten Worte dann aus dem Gedächtnis niederschreiben und kommen sie mitten im Wort nicht weiter, dann ist häufig zu beobachten, daß sie wieder aufstehen, das Wort ohne fremde Hilfe erneut eurythmisieren und dann weiterschreiben können. Sie holen instinktiv den Gedächtnisprozess aus der eurythmischen Bewegung und dem Stoffwechsel heraus - eine eindrucksvolle Bestätigung für die Steinersche Auffassung.

Um die Grundvorstellung, nämlich daß Erinnerung die Hervorbringung einer neuen Vorstellung ist, zu vertiefen, sei nochmals eine von Steiner an anderer Stelle gegebene diesbezügliche Formulierung angeführt. "Wer sich Übung für seelisches Beobachten erworben hat, wird finden können, daß der Ausdruck ganz schief ist, der von der Meinung ausgeht: man habe heute eine Vorstellung und morgen trete durch das Gedächtnis diese Vorstellung wieder auf, nachdem sie sich inzwischen irgendwo im Menschen aufgehalten hat. Nein, *die* Vorstellung, die ich *jetzt* habe, ist eine Erscheinung, die mit dem "jetzt" vorübergeht. Tritt Erinnerung ein, so findet in mir ein Vorgang statt, der die Folge von etwas ist, das *außer* dem Hervorrufen der gegenwärtigen Vorstellung in dem Verhältnis zwischen Außenwelt und mir stattgefunden hat. Die durch die Erinnerung hervorgerufene Vorstellung ist eine neue und *nicht* die aufbewahrte alte. Erinnerung besteht darin, daß *wieder* vorgestellt werden kann, nicht, daß eine Vorstellung wieder aufleben kann. Was *wieder* eintritt, ist etwas anderes als die Vorstellung selbst."[29]

Schließlich erwähne ich noch ein anderes Gedächtnis-Phänomen, das im Zusammenhang mit gestaltlichen Entwicklungsvorgängen gesehen werden kann. Es ist die eigenartige Fähigkeit manchmal schwer behinderter und entwicklungsgestörter Kinder, Örtlichkeiten, an denen sie etwas Besonderes erlebt haben, in allen Einzelheiten wiederzuerkennen, gleichzeitig mit der Erinnerung an die betreffenden Erlebnisse. Nicht selten schildern Eltern, daß ihre schwer behinderten Kinder einen Weg, den sie nach langer Unterbrechung einmal wieder mit ihnen gingen oder fuhren, genau wiedererkannten und sich an alle mit der Örtlichkeit damals verbundenen Erlebnisse erinnerten. Die Beobachtung von Erinnerungsprozessen, die im Zusammenhang mit einem bestimmten Platz auftreten, kann man im täglichen Leben gerade bei solchen Kindern machen, die sonst kaum über verwendbare Gedächtnisleistungen verfügen. Aber auch dem Gesunden kann es vorkommen, daß er in einem bestimmten Zimmer sich etwas vornimmt, beim Weggehen vergißt, um was es sich handelte und erst an die alte Stelle zurückkehren muß, um sich an das Vorgenommene erinnern zu können. Lindahl weist ganz allgemein auf den Zusammenhang zwischen Gedächtnisleistungen und örtlichen Verhältnissen hin. "Wenn das Lernen in der Klasse in einem anderen Klassenzimmer oder mit einem anderen Versuchsleiter geprüft wird, verschlechtert sich das Resultat ebenfalls. Experimente in den psychologischen Laboratorien bestätigen diese Beobachtungen. Solche Erscheinungen sind nicht leicht mit einer der genannten Theorien zu erklären."[2] Das heißt also, die Reproduktion ist in dem Raum, in dem gelernt wurde, leichter als in einem anderen Klassenzimmer. Die Örtlichkeit des Lernens hat einen Einfluß auf den Erinnerungsvorgang. Die allgemeinen Gedächtnis-Theorien vermögen das kaum zu erklären. Aber im Zusammenleben mit Kindern, deren Intelligenzleistungen in hohem Grade beeinträchtigt sind, kann man immer wieder eine erstaunliche Diskrepanz zwischen dem gänzlichen Mangel an freiem begrifflichen Gedächtnis und einem höchst wirksamen "örtlichen Gedächtnis" bemerken. Das verleitet die Eltern häufig zu einer Fehleinschätzung dessen, was sie an abstrakter Gedächtnisleistung erwarten können.

Was liegt diesem eigenartigen Phänomen zugrunde? Hierfür ist zunächst ein Blick auf verschiedene Stufen menschlicher Bewußtseinsentwicklung notwendig, so wie sie sich der geisteswissenschaftlichen Forschung ergeben haben.[30] Menschheitlich hat die Gedächtnisbildung eine Folge von drei Entwicklungsschritten durchlaufen, die entscheidende Aspekte der menschlichen Bewußtseinsentfaltung kennzeichnen. In sehr frühen Zeiten, als eine Gedanken- und Ideenbildung im heutigen Sinne nicht vorhanden, infolgedessen auch kein "Gedanken-Gedächtnis" möglich war, beruhte das Erinnern ganz auf dem Zusammenhang mit der Umwelt. Steiner schildert, wie überall kleine oder große Zeichen hinterlassen wurden, - unsere Denkmäler sind die letzten Überreste davon - und wenn man später an ihnen wieder vorüber kam, wurde die dort erlebte Begebenheit erinnert. Ein durchgehender Gedächtnisfaden, wie wir ihn kennen, war also nicht vorhanden. Der Mensch stand mit seinen Kopfkräften mit der Erde in einer anderen Verbindung als heute. Diese wichtige Tatsache wird uns weiter unten noch einmal beschäftigen.

Dies örtliche Gedächtnis wurde durch eine zweite Gedächtnisform abgelöst, die auf rhythmischem Erleben beruhte. Was erinnert werden sollte, mußte rhythmisch ausgedrückt werden. "Und aus diesem rhythmischen Gedächtnisse hat sich dann eigentlich die gesamte ältere Verskunst herausgebildet, überhaupt die versifizierte Dichtung."[30] Auch davon kennen wir heute noch deutliche Reste, teils in der leichteren Erlernbarkeit von Versen gegenüber Prosa; teils in Sprachbildungen wie "Mann und Maus" oder "Stock und Stein", in denen ähnlich, d.h. rhythmisch Klingendes aneinander gefügt ist. Daß rhythmisches Lernen leichter ist, wurde auch in psychologischen Untersuchungen schon am Ende des letzten Jahrhunderts festgestellt.

Erst als dritte Stufe hat sich unsere gegenwärtige Gedächtnisform eingestellt, das zeitliche, abstrakte Vorstellungsgedächtnis, unabhängig von Örtlichkeit und Rhythmus. Interessant sind die von Steiner angegebenen Zeitpunkte des Übergangs von einer Gedächtnisform in die nächste. Der erste Wandel vom örtlichen zum rhythmischen Gedächtnis ist verbunden mit der West-Ost Wanderung der Völker, die den untergehenden atlantischen Erdteil verließen. Die Bedeutung der Evolutionsperiode auf jenem versunkenen Erdteil zwischen dem afrikanischen und amerikanischen Kontinent, der Atlantis, ist geisteswissenschaftlich ausführlich geschildert. Der Wandel vom rhythmischen zum zeitlichen Gedächtnis fällt mit dem Aufgang des Griechentums zusammen, mit jenem Zeitpunkt, "wo der alte Orient eben nach Griechenland hinüberkolonisiert."[30] - Es kann unser gegenwärtiges begriffliches Gedächtnis sicherlich niemals ohne den "Unterbau" der beiden vorausgegangenen Stufen verstanden werden. Es würde eine ganz lebensferne Abstraktion bedeuten, das begriffliche Gedächtnis als eine isolierte Erscheinung anschauen zu wollen. Das wäre etwa so, als ob man die Vorgänge des Denkens ohne die Wirkung seiner Vorstufen in Motorik und Sprache zu betrachten unternähme. Schließlich ist zu bemerken, daß jene beiden ersten Gedächtnisformen ungleich stärker und leistungsfähiger waren und sind, als das für das begriffliche Gedächtnis gilt. Die Zuverlässigkeit des örtlichen Gedächtnisses wird kaum mit der Unsicherheit des durchschnittlichen heutigen Gedächtnisses zu vergleichen sein.

Kehren wir zurück zur Frage des örtlichen Gedächtnisses bei entwicklungsgestörten Kindern. Folgende Hypothese kann zu dessen Erklärung gebildet werden. Es war oben schon die Rede von der großen Bedeutung, die einem Verständnis der Metamorphose organischer Bildekräfte in seelische Vorgänge im Laufe der Kindheit zukommt. Es tritt eben am Übergang vom ersten zum zweiten Jahrsiebent, einhergehend mit dem Zahnwechsel, eine Wandlung im Verhältnis vom physischem zum Bildekräfteleib (Ätherleib) ein. Diese Metamorphose äußert sich verschiedenartig. Leiblich gibt sie sich im Zahnwechsel[34] und im sogenannten ersten Gestaltwandel zu erkennen, dem Zeller eine so große Bedeutung für die Entwicklung des Kindes beigemessen hat. "Denn der biologische Sinn des Gestaltwandels kann nur darin liegen, daß die Person des Kindes für eine neue, höhere Daseinsform umgestaltet wird."[31] Seelisch entfaltet sich das Gedankenleben in neuer Weise, reift das Zeitempfinden und ändert sich das Gedächtnis. Eine ausführliche Darstellung der beiden letzteren Vorgänge wurde schon an anderer Stelle versucht.[17] Für den Zusammenhang der hier vorgebrachten Überlegungen greife ich noch einmal Steiners Feststellungen über den Wandel des Gedächtnisses vor und nach dem Zahnwechsel auf. Grundlage dieses Wandels ist das geänderte Verhältnis, das "Frei-werden" der Wachstums- und Bildekräfte gegenüber der Physis. Solange das noch nicht geschehen ist, die Gedankenbildekraft, die Gedächtniskraft noch wenig emanzipiert ist von den organischen Wachstumsprozessen, solange ist das Gedächtnis noch viel mehr vergleichbar mit dem, was man später als eine mehr körperlich empfundene Gewohnheit kennt. In der Zeit vor dem Zahnwechsel, in dem das Kind die Eindrücke seiner Umwelt weitgehend durch Nachahmung aufnimmt, hat das Gedächtnis den Charakter einer Gewohnheit, die mit Steiners Worten "noch eine mehr körperliche Eigenschaft ist."[31] Erst nach dem Gestaltwandel, nach der Bildekräftemetamorphose, entwickelt sich das Gedächtnis zur "seelisch gewordenen Gewohnheit."

Hinzu kommt ein weiteres. Dieser Übergang körperlicher in seelische Gestaltungskräfte hat durchaus gestaltliche Aspekte. Er betrifft Gliedmaßen und Stoffwechselorgane in anderer Weise als den Kopfbereich. Im letzteren tritt jene Dynamisierung der Bildekräfte, jenes "diskordante Verhalten" zwischen Physis (Gehirn) und Bildekräfteleib, von dem oben die Rede war und das eine Grundlage unserer Denk- und Bewußtseinsleistungen ist, besonders in Erscheinung. Aus natürlichen Gegebenheiten heraus bleiben die Bildekräfte innerhalb von Leib und Gliedmaßen in einem ganz anderen Zusammenhang mit den Stoffwechselvorgängen, vollzieht sich dort die "Geburt des Ätherleibes", wie Steiner den Vorgang auch bezeichnet, ganz anders; darauf wurde ja auch bereits hingedeutet.

Wenn uns auch die unmittelbare Anschauungskraft für diese Vorgänge noch fehlt, so können wir doch in gedanklicher Verarbeitung der Steinerschen Beschreibungen und im Sinne seiner in der Einleitung angeführten

Bemerkung zu berechtigten Hypothesen über manche pathologische Vorgänge kommen. Wenn wir in Betracht ziehen, daß die evolutionsmäßig aufgetretenen beiden früheren Gedächtnisformen auch im gegenwärtigen Menschen gewissermaßen in leisen Abschattungen noch vorhanden sind, dann ist es naheliegend, das "Gewohnheitsgedächtnis" der ersten Siebenjahresperiode des Kindes in einen gewissen Zusammenhang zu bringen mit dem, was in der Evolution als "lokales Gedächtnis" aufgetreten ist. Das in der Hauptsache durch Nachahmung zustande kommende und als "körperliche Gewohnheit" charakterisierte Gedächtnis der ersten Lebensjahre wird auch viel eher einen äußeren Anlaß für seine Aktivierung benötigen, als das reine "Gedanken-Gedächtnis". Daß auch im späteren Alter noch geringe Reste einer Beziehung zwischen Örtlichkeit und Gedächtnisabläufen bestehen bleiben, braucht nicht gegen den hier angenommenen Zusammenhang zu sprechen.

Ich möchte aber noch einen Schritt weiter gehen und annehmen, daß das erwähnte, häufig so eindrucksvoll zu beobachtende "örtliche Gedächtnis" behinderter Kinder nichts weiter ist als die pathologische Form des "Gewohnheits-Gedächtnisses" des ersten Jahrsiebents. Es ist ja ohne Zweifel, daß die Bildekräfte-Metamorphose häufig verspätet oder unvollkommen auftritt, wenn eine Entwicklungsstörung vorliegt, und viele heilpädagogische Bemühungen richten sich darauf, diesen Prozess in Gang zu bringen und zu harmonisieren. Wenn man beobachten kann, daß bei einem heilpädagogisch betreuten Kind das örtliche Gedächtnis allmählich etwas zurücktritt und das gedankliche Gedächtnis sich anzubahnen beginnt, dann hat man es nach meiner Meinung dabei mit einer Erscheinungsform der "Geburt des Ätherleibes" zu tun. - Diese Überlegungen scheinen mir geeignet, den Gestaltaspekt des Gedächtnisproblems von einer weiteren Seite her zu unterstreichen.

Schlußbetrachtung

Der Vorgang der Erinnerungsbildung trägt in jenem "zweiten Prozeß", von dem immer wieder die Rede war, etwas zunächst für uns Rätselhaftes an sich. Wie schwer muß es fallen, in der täglichen Wirklichkeit damit umzugehen, wenn gesagt wird: Während wir sinnlich wahrnehmen und an der Wahrnehmung Gedanken bilden, geht in unserem Leib etwas vor sich, das wir nicht wahrnehmen, das etwas "ganz anderes" ist, als der Sinnesprozess selbst. Aber dieses "ganz andere" bildet den Ausgangspunkt, von dem aus zu irgend einem späteren Zeitpunkt der erinnerte Gedanke sich neu bildet und innerlich wahrgenommen wird.

Wenn dennoch versucht wurde, einige Gedanken zusammenzutragen, die es uns erlauben, den Blick auf diesen in unserem Körper wirksamen, aber uns unbewußt bleibenden Prozess zu richten, so deshalb, weil nur durch ein immer erneutes gedankliches Anschauen ein Zugang und ein besseres Verständnis für diese Sache zu gewinnen sein wird. Es ist ein erkenntnismäßig durchaus berechtigtes Vorgehen, die eigene Erkenntniskraft durch Denken des noch nicht Anschaulichen zu entwickeln und so das zu erlangen, was in dem in der Einleitung angeführten Zitat das Erreichen einer Urteilsfähigkeit für geistige Forschungsergebnisse genannt wurde. Das Grundlegende der gegenwärtigen menschheitlichen Situation besteht doch in der Notwendigkeit und in der Aufforderung, neue, den Menschen angehende Einsichten aufzunehmen, die auf experimentellem Wege nicht gewonnen werden können. Die Heilpädagogik, wie sie aus der Anthroposophie heraus verstanden wird, könnte sich in keinem Falle nur auf das reduzieren, was experimentell über das Kind gewußt werden kann - darin ist das eigentlich Menschliche eben nicht zu finden. Es ist ein gangbarer Weg, der nicht in Unsicherheiten, sondern zur Wirklichkeit des Menschseins hinführt, wenn geistige Forschungsergebnisse, die allen Bedingungen, die an sie gestellt werden müssen, standhalten können, zum Vorwurf der eigenen Denkrichtung genommen werden.

Es ist damit noch etwas anderes verbunden. Auf solchem Wege formt sich wie von selbst ein Verhältnis zwischen Kind und Heilpädagogen, das die tieferen Motive für das Handeln des letzteren unmittelbar aus sich hervorgehen läßt. Methode und jenes innere Erleben des Heilpädagogen, das im letzten Grunde den Anlaß seiner Hinwendung zum behinderten Kinde ausmacht, fallen in eins zusammen. Indem er in eigener innerer Bemühung den Bereich der wahren Gedächtnisbildung im Kinde zu erfassen strebt, bekommt sein Verhältnis zu dem Wesen des Kindes in einer gewissen Weise schicksalshaften Charakter. Er wendet nicht mehr allein irgendwelche Kenntnisse auf das Kind an, sondern er macht in dem angedeuteten Bestreben selbst einen Prozess durch, der den inneren Charakter eben seines lebendig am Kind sich bildenden Verhältnisses zum Kind kennzeichnet. Das aber kann man im Sinne der Anthroposophie und der Heilpädagogik ein schicksalshaftes Verhältnis nennen, bei dessen Vorhandensein nach weiteren Motiven nicht gefragt zu werden braucht, denn dieses Verhältnis selbst *ist* dann das Motiv und wird als solches erfahren.

1 R. Steiner, Heilpädagogischer Kursus, Rudolf Steiner Gesamtausgabe (GA) Bibl.Nr.317
2 D. u. R. Katz, Kleines Handbuch des Psychologie, Basel 1972
3 S. Koch, Psychologie und Geisteswissenschaften, In: Gadamer/ Vogler, Neue Anthropologie, BD.5, Stuttgart 1973
4 R. Steiner, Vortrag vom 21.3.1922, GA 211
5 R. Steiner, Vortrag vom 12.12.1918, GA 186
6 R. Steiner, Allgemeine Menschenkunde, GA 293
7 R. Steiner, Vortrag vom 2.9.1923, GA 228
8 H. McLennan, Synaptic Transmission, London 1963
9 H. Hörmann, Bedingungen für das Behalten, Vergessen und Erinnern, In: H. Bergius (Hrg.), Handbuch der Psychologie, Bd.I, 2. Halbband.
10 H. Wegener, im Enzyklopädischen Handbuch der Sonderpädagogik, Berlin 1969
11 M. Kulp, Menschliches und maschinelles Denken, Göttingen 1968
12 R. Steiner, Vortrag vom 3.9.1921, GA 78
13 R. Steiner, Vortrag vom 19.3.1918, GA 181
14 K. König, Sinnesentwicklung und Leiberfahrung, Stuttgart 1971
15 W. Aeppli, Sinnesorganismus, Sinnesverlust, Sinnespflege, Stuttgart 1967
16 E. Lehrs, Vom Geist der Sinne, Frankfurt a.M. 1973
17 G.v.Arnim, Körperschema und Leibessinne, In: K. König, Sinnesentwicklung und Leiberfahrung (s.Nr.14)
18 E. Fucke, Die Bedeutung der Phantasie für Emanzipation und Autonomie des Menschen, Stuttgart 1972
19 H. Feigl, Leib - Seele, kein Scheinproblem, In: Neue Anthropologie Bd.5 (s.Nr.3)
20 R. Steiner, Vortrag vom 10.7.1920, GA 198
21 R. Steiner, Von Seelenrätseln, GA 21
22 W. Baust, Ermüdung, Schlaf, Traum. Stuttgart 1970
23 R. Steiner, Vortrag vom 22.7.1923, GA 225
24 E. Minkowski, Die gelebte Zeit. Salzburg 1971
25 R. Steiner, Vortrag vom 21.12.1908, GA 107
26 R. Steiner, Vortrag vom 7.1.1913, GA 141
27 Schenk-Danzinger, Handbuch der Legasthenie im Kindesalter. Weinheim u. Berlin 1968
28 H. Werner, Entzündung u. Geschwulst, Beiträge z. einer Erweiterung d. Heilkunst, 1973, Heft 4.
29 R. Steiner, Theosophie. GA 9
30 R. Steiner, Vortrag vom 24.12.1923, GA 233
31 W. Zeller, Konstitution und Entwicklung. Göttingen 1964
32 R. Steiner, Vortrag vom 17.4.1923, GA 306
33 Eine weitere Darstellung derartiger Hypothesen findet man in: Fr.Zilliken, K. Abdallah, Molekularbiologische Grundlagen des Kurz- und Langzeitgedächtnisses, Stuttgart 1973.
34 Siehe dazu den Beitrag von W. Holtzapfel "Der weiterwirkende Heilpädagogische Kurs Rudolf Steiners und die Legasthenie".

WALTER HOLTZAPFEL

Der weiterwirkende Heilpädagogische Kurs Rudolf Steiners und die Legasthenie

Seitdem Rudolf Steiner im Sommer 1924 seinen Heilpädagogischen Kurs gehalten und damit die Grundlagen der anthroposophischen Heilpädagogik gelegt hat, ist die Entwicklung der Heilpädagogik gewaltig fortgeschritten. Das zeigt sich nicht nur in der Ausdehnung der heilpädagogischen Bewegung, sondern auch in der Fülle der neuen Erfahrungen und Probleme.

Wie steht es in diesem Zusammenhang mit dem Heilpädagogischen Kurs? Nur wenige Krankheitsbilder werden darin besprochen; längst nicht alle, die schon bekannt waren. Und seither sind Krankheitsbilder und Entwicklungsstörungen hinzugekommen, von denen man damals noch nichts wußte. Ist der Heilpädagogische Kurs vielleicht überholt und veraltet, wie ein medizinisches Lehrbuch es ist, das vor 50 Jahren geschrieben wurde?

Mit dem Heilpädagogischen Kurs verhält es sich anders. Da handelt es sich nicht um die Bestandsaufnahme des zu einer bestimmten Zeit vorhandenen Wissens wie bei einem Lehrbuch. Die Darstellung der einzelnen Krankheitsbilder hat nicht nur für diese selber eine Bedeutung, sondern es werden daran die Gedankenformen und die Art des Wahrnehmens geübt und geschult, mit denen man an die Entwicklungsstörungen des Kindesalters überhaupt herangehen kann. Die Struktur der Darstellung nimmt auch die neuen Probleme in sich auf und macht sie durchschaubar. Diese Struktur wird durch die neuen Erfahrungen sogar noch deutlicher. Was Rudolf Steiner z.B. über das Wesen der Epilepsie sagte, daß es sich dabei um einen verfehlten Aufwachprozess handle, daß der Epileptiker nicht durchstoße zu den Kräften seiner Umgebung, wird durch die heutigen Erfahrungen anschaulich, während die Teilnehmer am Heilpädagogischen Kurs 1924 einer solchen Darstellung aus ihrem Wissen noch nichts entgegenbringen konnten. Aber, wie gesagt, nicht nur ein solches bereits aufgegriffenes Problem wie das der Epilepsie, sondern auch im Heilpädagogischen Kurs gar nicht genannte Probleme können mit seiner Hilfe durchschaut und behandelt werden.

Vor zwei Gefahren muß man sich hüten, wenn man das Verhältnis des Heilpädagogischen Kurses zu den neu auftretenden Problemen und Erfahrungen ins Auge faßt.

Die eine Gefahr wäre die, daß man sich sagt: Wir haben den Heilpädagogischen Kurs, dieser ist so umfassend, daß die intensive Beschäftigung mit seinem Inhalt vollauf genügt, um in der Heilpädagogik etwas zu leisten. So verständlich und in gewisser Hinsicht sogar auch berechtigt dieser Standpunkt ist, so groß ist die Gefahr, daß man dadurch den Zusammenhang mit dem lebendigen Strom der heilpädagogischen Arbeit verliert, und daß sich bei den in der weiterschreitenden Heilpädagogik Stehenden die Meinung bildet: Der Heilpädagogische Kurs ist veraltet; so und soviele Probleme, die uns heute beschäftigen, werden darin nicht behandelt.

Die andere Gefahr entsteht dann, wenn man die neu auftretenden Probleme, Erfahrungen und Meinungen einfach übernimmt und sie beziehungslos zu dem im Heilpädagogischen Kurs Vorhandenen hinzuaddiert. Man bemerkt dann nicht, daß das neu Aufgetretene sein Wesen erst dann ausspricht, wenn man es mit den am Heilpädagogischen Kurs geübten Gedanken erfaßt. Das Resultat dieser Haltung ist aber auch wieder, daß der Heilpädagogische Kurs als überholt erscheint, denn wenn etwas als neu und aktuell auftritt, so müssen wir es offenbar an anderer Stelle und ohne Verbindung mit ihm suchen.

Beide Gefahren werden vermieden, wenn das neu Herankommende verarbeitet und verwandelt wird, wenn die Tatsachen bleiben und das Wesen sich aussprechen kann. Das ist manchmal eine schwierige innere Arbeit, aber immer eine notwendige Aufgabe. Die verwandelnde Kraft des Heilpädagogischen Kurses ist das Heilmittel gegenüber beiden Gefahren. Es muß nicht immer hochwissenschaftlich sein, was bei einer solchen Verarbeitung neuer Erkenntnisse herauskommt. Eine bildhafte Ausdrucksweise kann für den eigenen Gebrauch durchaus genügen oder sogar die bessere Lösung darstellen.

Man muß den Heilpädagogischen Kurs allerdings weit genug fassen, um sich seiner ganzen Kraft zu versichern. Man muß die pädagogischen Erkenntnisse hinzunehmen, die Rudolf Steiner damals schon in zahlreichen Kursen gegeben hatte und die er deshalb hier nicht zu wiederholen brauchte. Man muß auch die Eurythmie und die Heileurythmie hinzunehmen. Auf diese notwendigen Erweiterungen weist Rudolf Steiner selbst im Lauf des Kurses hin. Wenn man den Heilpädagogischen Kurs in diesem Sinne auffaßt, dann hat man in ihm das Instrument, mit dem man auch an neu auftretende Probleme herantreten kann.

Ein solches neu aufgetretenes Problem ist das der sogenannten "Legasthenie". Es gab sie zwar schon zu Rudolf Steiners Lebzeiten. Die ersten Fälle waren Ende des 19. Jahrhunderts beobachtet worden. Aber ihre praktische Bedeutung war noch gering. Und jedenfalls wird sie im Heilpädagogischen Kurs und in den pädagogischen Kursen nicht erwähnt.

Was versteht man unter Legasthenie? Es handelt sich um große Schwierigkeiten - oder (in seltenen Fällen) um die völlige Unmöglichkeit -, das Lesen und Schreiben zu lernen bei Kindern von normaler Intelligenz, normal eingeschult und frei von sensorischen Störungen.

Hier beginnt bereits das Problem. Warum können Kinder von normaler Intelligenz nicht lesen und schreiben lernen? Es scheint sich dabei doch um eine Intelligenzleistung zu handeln, die noch nicht einmal sehr hoch zu sein scheint, denn auch schwache Kinder bringen ja diese Leistung häufig auf.

Wenn ein normal intelligentes Kind unmusikalisch ist, so können wir das verstehen, denn da liegt der Defekt ("Teilleistungsschwäche") auf einem ganz anderen Gebiet als auf dem der Intelligenz. Warum aber kann ein Kind diese Intelligenzleistung des Lesens und Schreibens nicht vollbringen, wenn es doch normal intelligent ist?

Das ist eine Frage von großer praktischer Wichtigkeit. Denn können wir sie beantworten, d.h. können wir das Wesen dieser Störung verstehen, dann finden wir auch die Mittel, um sie zu behandeln.

Es wird von einem englichen Offizier erzählt, der erklärte, daß alle Schrecken und Strapazen des 2. Weltkrieges, den er an der Front mitmachte, nichts waren im Vergleich zu den Leiden, die ihm seine Legasthenie in der Schulzeit einbrachte. Das ist kein Einzelfall. Die Kinder geraten über ihre Situation manchmal in eine solche Verzweiflung, daß sie nicht mehr leben möchten. - Es gibt die Geschichte von dem norwegischen Schiffsreeder, der immer von einem Assistenten begleitet wurde, der alles für ihn notieren und ihm alle Schriftstücke vorlesen mußte. Dieser Mann hatte nie lesen und schreiben gelernt und hatte doch die Fähigkeit, ein großes Unternehmen zu leiten. - Das sind Beispiele für Menschen, die sich trotz der schweren Behinderung durch die Legasthenie als Persönlichkeiten durchgerungen und sich eine Position im Leben geschaffen haben.

Leider aber führt die Legasthenie nicht selten auch zu Fehlentwicklungen und sogar zur Kriminalität. Unter den Insassen von Erziehungsheimen und Strafanstalten wird ein hoher Prozentsatz von Legasthenikern angegeben (etwa 30 %).Die Fehlentwicklung beginnt aber schon beim Schulkind, das sich in innerer Entmutigung oder mit Schuleschwänzen vor dem schweren Hindernis zurückzieht oder aber versucht, durch agressives oder anderweitig auffallendes Verhalten - z.B. als eine Art Klassenclown - das verloren gegangene Ansehen vor der Klasse wieder zu gewinnen. Man muß bedenken, daß das Lesen die wichtigste Quelle der Wissensübermittlung (Information) in der heutigen Zivilisation darstellt. Davon sind diese Kinder ausgeschlossen. Ein solches Kind steht, ihm selber unbegreiflich, wie vor einer unübersteiglichen Mauer, die für seine Mitschüler nicht existiert. Meistens lernen diese Kinder mit etwa neun Jahren doch noch lesen und schreiben, aber sie machen noch lange Zeit typische Fehler.

Wenn wir nun an ein solches Kind herantreten und versuchen, es zu verstehen, so ist es ja selbstverständlich, daß wir dabei nicht nur die körperlichen Merkmale beachten, also das, was man messen, zählen, wiegen und photographieren kann (das auch), sondern auch seine psychologische Situation, das, was seelisch in dem Kinde vor sich geht, was es im Verhältnis zu anderen Menschen erlebt usw. Das würde heute jeder Untersucher tun, und damit sind schon zwei ganz verschiedene Seinsbereiche im Kinde erfaßt: der körperliche und der seelische. In derjenigen Menschenkunde, die wir der Geisteswissenschaft Rudolf Steiners verdanken, wird die Anschauung des Menschen noch stärker differenziert; es kommen noch zwei weitere Stufen hinzu. Zwischen den körperlichen und den seelischen Bereich schiebt sich der Bereich des Lebendigen, der Wachstumserscheinungen und anderer biologischer Vorgänge. Und über dem seelischen Bereich erhebt sich das Gebiet des eigentlich Menschlichen, der Dirigent unserer Entwicklung, das Zentrum, auf das wir alles beziehen, dasjenige, was wir als unser Eigenstes erleben.

Die Kenntnis dieser beiden neuen Bereiche, die durch die geisteswissenschaftliche Menschenkunde erfaßt und von ihr als der Bereich der "ätherischen Kräfte" (des "Ätherleibes") und als der Bereich des "Ich" bezeichnet werden, geht der heutigen Heilpädagogik, Pädagogik und Medizin noch weitgehend ab. Und gerade diese beiden Bereiche sind es, auf die es zum Verständnis der Legasthenie ankommt. Um das deutlich zu machen, müssen wir noch etwas weiter ausholen.

Wir dürfen uns die vier qualitativ verschiedenen Gebiete, die zusammen erst eine *vollständige* Menschenkunde ausmachen, nicht als streng geschieden wie die Stockwerke in einem Haus vorstellen. Es sind lebendig sich durchdringende und sich ineinander verwandelnde Kräfteorganisationen. Seelische Erlebnisse verwandeln sich in körperliche Erscheinungen. Freude und Schreck verursachen Herzklopfen. Wir können uns so heftig ärgern, daß wir eine Gelbsucht bekommen. Andererseits wirken körperliche Vorgänge auf die Seele zurück. Eine Tasse Kaffee, ein stofflicher Einfluß also, kann das Seelenleben ganz verändern und einen müden, verstimmten Menschen plötzlich wieder wach und unternehmungslustig machen.

Auch zwischen dem Gebiet des Lebendigen, dem Bereich der Wachstumserscheinungen und dem des Seelischen gibt es solche Metamorphosen. Zwischen diesen beiden Bereichen besteht eine innere Verwandtschaft. Man kann sagen: Das Lernen - und das ist ja etwas, was sich in der Seele abspielt - ist ein seelischer Wachstumsvorgang. Oder umgekehrt: In den Erscheinungen des Wachstums, in der Ausgestaltung der Organismen offenbart sich eine körperlich wirkende Weisheit.

Rudolf Steiner bringt den Beginn der Lernfähigkeit beim Kinde in Zusammenhang mit einer Wachstumserscheinung, mit dem Zahnwechsel. Auch von manchen nichtanthroposophischen Pädagogen und Medizinern wird heute der Zahnwechsel rein erfahrungsmäßig als ein Zeichen für die Schulreife aufgefaßt.

Wie ist aber ein solcher Zusammenhang zu verstehen? Er stellt das Resultat einer Verwandlung dar. Diejenigen Kräfte, die erst die Milchzähne, dann die zweiten Zähne gebildet haben, würden mit dem Zahnwechsel, wenn sie ihre Funktion nicht wandeln könnten, gewissermaßen arbeitslos. Denn es sind keine weiteren Zähne mehr zu bilden. Die zweiten Zähne (bleibenden Zähne) sind zum Zeitpunkt des Zahnwechsels praktisch schon fertig und werden nur noch herausgeschoben. Die zahnbildenden Kräfte machen eine Metamorphose ihrer Richtung durch. Sie werden jetzt im seelischen Bereich wirksam. Wie sie vorher Zelle an Zelle gefügt haben, um die wunderbar geformten Gebilde der Zähne entstehen zu lassen, so fügen sie jetzt in der Seele Gedanke an Gedanken zu bestimmten Begriffskomplexen zusammen, die dann im Gedächtnis behalten werden können. Und das ist eben das, was man Lernen nennt. Jetzt erst entwickelt sich beim Kinde die Fähigkeit, die wir im eigentlichen Sinne als Gedächtnis bezeichnen können.

Der Zahnwechsel ist das markanteste Symptom einer durchgreifenden Verwandlung, die mit der Schulreife eintritt. Auch die kindliche Gestalt als Ganzes gliedert sich jetzt stärker und geht in die sogenannte Schulkindform über. Diese Verwandlung läuft aber nicht nur im körperlichen Bereich ab, sondern sie wirkt sich, wie schon geschildert wurde, vor allem im Vorstellungsleben des Kindes aus. Ein Symptom dafür ist auch die enge Beziehung zwischen Zahnwechsel und Gehirnausbildung. Das Gehirn, als das dem Vorstellungsleben hauptsächlich zugrundeliegende Organ, hat sein Wachstum zur Zeit des Zahnwechsels im wesentlichen beendet. Für das Problem der Legasthenie ist dabei besonders wichtig, daß erst jetzt diejenige Hirnpartie ausreift, die als Schreib-Lese-Zentrum bezeichnet wird.

Die Legastheniker machen charakteristische Fehler, deren Untersuchung uns auf die Spur dieser Störung bringen kann. Aber da ist neuerdings eine Schwierigkeit aufgetreten, mit der wir uns kurz auseinandersetzen müssen, bevor wir die Untersuchung beginnen. - Diese Schwierigkeit für die Forschung ist gerade aus der intensiven Forschung selbst entstanden, die sich mit diesem Problem beschäftigt. Es gibt ja heute viele Bücher über das Lesenlernen und über die Legasthenie, beinahe schon ganze Bibliotheken. - Und da hat man nun gefunden: Diese charakteristischen Fehler sind gar nicht nur für Legastheniker typisch, sondern sie treten auch in anderen Zusammenhängen auf; bei schwachen, behinderten Kindern; vorübergehend bei vielen Schulanfängern; sogar auch bei Erwachsenen im Zustand der Übermüdung. Ausserdem machen die Legastheniker nicht nur diese charakteristischen Fehler, sondern sie machen praktisch alle Fehler, die man beim Lesen und Schreiben überhaupt machen kann. Also gibt es keine typischen Fehler für die Legasthenie, so lautet die scheinbar logische Schlußfolgerung.

Was ist dazu zu sagen? Daß schwache Kinder auch Schwierigkeiten beim Lesen- und Schreibenlernen haben können, ist doch eigentlich nicht verwunderlich, sondern im Rahmen ihrer Schwäche verständlich. Viel verwunderlicher ist es, daß diese Fehler bei sogenannten normalen Schülern auftreten. - Wenn viele Schulanfänger und in bestimmten Erschöpfungssituationen manchmal auch Erwachsene solche Fehler machen, so liefern gerade diese beiden Einwände bei richtiger Betrachtung Bestätigungen für den spezifischen Charakter der Legasthenie. Das wird sich im Laufe dieser Ausführungen noch zeigen.

Und wenn schließlich gesagt wird, daß die Legastheniker alle Fehler machen, die man überhaupt machen kann, so muß das zugegeben werden. Aber man muß unterscheiden zwischen primären Fehlern und solchen, die sekundär dadurch entstehen, daß die Kinder mit allen Mitteln die entstandenen Lücken auszufüllen, zu ergänzen und zu verdecken suchen. Auch werden die primären charakteristischen Fehler gegenüber den sekundären deutlich häufiger, wenn der Schweregrad (Intensität) der Legasthenie zunimmt.

Welches sind nun die charakteristischen Fehler? Da handelt es sich vor allem um spiegelbildliche (symmetrische) Vertauschungen (Reversion) der Buchstabenformen, um Umstellungen von Buchstaben im Wort, oder auch um Umstellungen von Zahlen. Das folgende Schema gibt einige Beispiele:

d	b
q	p
ein	nie
Gras	Gars
62	26

n	W	b
u	M	p

Die eigenartigen Vertauschungen, die wir bei den Legasthenikern finden, haben also etwas mit der Richtung der Buchstabenformen zu tun oder mit der Reihenfolge der Buchstaben im Wort; vor allem mit der Richtung rechts - links; in weniger ausgesprochenem Maße auch mit der Richtung oben - unten. Man hat früher ein solches Vertauschen der Richtungen auch bei den Legasthenikern selber festgestellt, indem man eine überdurchschnittlich grosse Anzahl von Linkshändern darunter fand. Heute ist dieses Überwiegen der Linkshänder in manchen Statistiken nicht mehr so deutlich. Aber ich glaube, das hängt mit der Unsicherheit zusammen, in die man bei der Beurteilung der Legasthenie überhaupt gekommen ist.

Die Gestalterfassung erscheint gestört, weil zwischen rechts und links und oben und unten kaum ein Unterschied gemacht wird. Das führt dann in letzter Konsequenz dazu, daß diese Kinder ebenso leicht - oder besser gesagt: ebenso schwer - Spiegelschrift oder auf den Kopf gestellte Schrift lesen und schreiben wie die normale. Wenn zum Beispiel das Wort "Fort" geschrieben werden soll, so würden diese Kinder keine prinzipiellen Unterschiede machen zwischen den folgenden möglichen vier Schreibarten, während wir Europäer uns für die Richtung rechts - oben entschieden haben.

Dieses Schema ist so etwas wie ein Urphänomen der Legasthenie. Was kann es uns sagen? Wir sehen die Formen der Buchstaben in uns z.T. ganz ungewohnten Stellungen; aber es ist doch eine Gesetzmässigkeit darin zu entdecken, denn diese Stellungen sind an zwei Symmetrieachsen orientiert. Dabei verweist uns die Symmetrieachse rechts - links auf das Wachstum der lebendigen Organismen, die im allgemeinen symmetrisch gebaut sind; auch der menschliche Organismus, wenigstens grundsätzlich.

Wo aber finden wir eine Stelle im organischen Zusammenhang, bei der nicht nur rechts links gleich ist, sondern auch oben wie unten? Wir finden sie in der Art, wie die Zähne angeordnet sind. Da folgt auf einen grossen Schneidezahn jeweils ein kleiner Schneidezahn, dann ein Eckzahn, dann ein Mahlzahn etc., rechts wie links; und nach unten ist es spiegelbildlich genau so.

Die Frage erhebt sich, ob es erlaubt ist, einen solchen organischen Vorgang in Verbindung zu bringen mit einem seelischen Vorgang, wie ihn das Lesen darstellt? Die Legasthenie wird auch als eine "cognitive Störung" bezeichnet, als eine Störung des Erkennens. Kann das etwas zu tun haben mit einem Wachstumsvorgang?

Auf diese Fragen - und damit auf die Frage nach dem Wesen der Legasthenie - kann uns die geisteswissenschaftliche Menschenkunde eine Antwort geben, die auf anderem Wege nicht möglich ist. Und zugleich wird dabei die rätselhafte Erscheinung der Legasthenie zu einer Bestätigung dieser geisteswissenschaftlichen Menschenkunde, indem sie einen Vorgang sichtbar macht, der sonst verborgen bleibt.

Wir hatten anfangs ausgeführt, daß beim Zahnwechsel die zahnbildenden Kräfte sich verwandeln in Kräfte, die dem Denken (dem Lernen) dienen. Wir können beim Kinde in diesem Zeitpunkt feststellen, daß die Zahnbildung aufhört; wir können feststellen, daß die Lernfähigkeit, die Schulreife, eintritt. Wir sehen damit den Anfang und das Ende einer Metamorphose; den Vorgang des Übergangs der Kräfte von der einen Form in die andere Form, den Vorgang der Verwandlung selber sehen wir nicht. Aber die abnorme Erscheinung der Legasthenie macht diesen Vorgang sichtbar.

Es ist eine Metamorphose. Wir wissen, daß die Staubfäden in der Blüte eine Metamorphose des Blattes darstellen, obwohl beide Gebilde ganz verschieden aussehen. Daß aber das Blatt sich in einen Staubfaden verwandelt, das sehen wir nicht. Es gibt nun Entwicklungsstörungen der Blüte, die diese Verwandlung sichtbar machen. Bei der Seerose z.B. stehen die Blütenblätter in mehreren Kreisen, die im Zentrum die Staubfäden einschliessen. Da kann man manchmal an der Stelle des Übergangs ein Gebilde sehen, das unten noch Blütenblatt ist, oben aber schon Staubbeutel trägt. Man sieht den Übergang, weil man ein Übergangsgebilde sieht. Man sieht noch Reste der Blattgesetzmäßigkeit im Staubfadenbereich.

So sieht man bei der Legasthenie im seelischen Bereich etwas auftreten, das noch Reste der Wachstumsgesetzmäßigkeit aufweist. Man "sieht" den Vorgang des Übergangs. Deshalb sieht man bei so vielen Schulanfängern vorübergehend auch diese spiegelbildlichen Vertauschungen, weil *jedes* Kind diese Metamorphose durchmacht. Der Legastheniker bleibt nur in dem Übergangszustand stecken, den das Schulkind normalerweise rasch oder unmerklich durchmacht. Was als ein Einwand gegen Spezifität der Legasthenie erschien, verwandelt sich jetzt in eine Stütze für die Auffassung von einer spezifischen Entstehungsstelle der Legasthenie.

Im normalen Verlauf des Lesen- und Schreibenlernens wird die Wachstumsgesetzmässigkeit, deren Reste bei der Legasthenie noch sichtbar sind, von einer ganz anderen Kraft ergriffen und verändert. Es geht nicht mehr unterschiedslos nach rechts und nach links, nach oben und unten, sondern es kommt eine Entscheidung herein, - die Entscheidung für die Richtung rechts-oben.

Was ist es, das diese Entscheidung und damit auch eine Einseitigkeit hereinbringt in das vorher unterschiedslose Geschehen? Es ist der auch dem "Ich" des Menschen entspringende Wille, der die Entscheidung herbeiführt. Natürlich nicht durch einen bewußten Willensentschluss des Kindes, sondern einfach durch die als solche wirksame Anwesenheit des Ich. Das Ich des Menschen, das eigentliche Zentrum seines Wesens, zieht im Laufe der kindlichen Entwicklung erst allmählich ein in die Leiblichkeit, es inkarniert sich. Dieser Vorgang ist beim Legastheniker im Rückstand, sein Ich greift noch nicht dem Lebensalter entsprechend ein, es ist auf einer früheren Stufe stehen geblieben.

Die in Verwandlung begriffenen Wachstumskräfte werden durch das Ich noch nicht genügend aufgegriffen. Darum ist nicht nur die Gestalterfassung gestört, sondern auch die Möglichkeit, die bereits erfasste Gestalt dann auch im Gedächtnis zu bewahren. Das Gedächtnis hatten wir bereits als eine Funktion der verwandelten Wachstumskräfte kennengelernt.

Wir können das Problem noch weiter zurückverfolgen und uns fragen: Warum greift denn das Ich nicht genügend ein? Warum ist die Inkarnation verzögert? Diese Frage wird sicher individuell zu beantworten sein. - Wenn wir bei den Legasthenikern manchmal Hinweise auf eine leichte frühkindliche Hirnschädigung finden, so ist damit eine solche Erklärung gegeben. Das Gehirn, als dasjenige Organ, über das sich die Inkarnation beim Kinde vor allem im ersten Jahrsiebent vollzieht, kann bei einer Schädigung eine Verzögerung der Inkarnation nach sich ziehen. - Und umgekehrt wird diese verzögerte Inkarnation auch wieder in einer verzögerten Reifung bestimmter Hirnzentren zum Ausdruck kommen. - Ebenso kann auch die Verwahrlosung eines Kindes eine verzögerte Inkarnation nach sich ziehen.

Im Gehen-, Sprechen- und Denkenlernen, im Erwerb dieser drei grundlegenden menschlichen Fähigkeiten, offenbart sich der fortschreitende

Inkarnationsprozess. Das "Gehen" steht dabei für die gesamte Bewegungsfähigkeit, wie sie aus der aufrechten Haltung resultiert. Auf allen drei Stufen stellen sich dem Legastheniker Hindernisse entgegen.

Auf der Stufe des "Gehens" ist es eine auffallende motorische Unruhe und die Neigung zur Linkshändigkeit, die eine abweichende Bewegungstendenz verrät. — Auch auf der Stufe des "Sprechens" und damit im akustischen Bereich können verschiedene Symptome auftreten: verspäteter Sprachbeginn; undeutliches oder stammelndes Sprechen; die Schwierigkeit, Umlaute oder harte und weiche Konsonanten zu unterscheiden. — Auf der Stufe des "Denkens" schließlich, auf der die Legasthenie dann manifest wird, ist es die Schwäche im Erkennen und Erfassen der Buchstabengestalt.

Die hier entwickelte Anschauung von dem verspäteten Eingreifen des Ich stimmt überein mit den Beobachtungen, welche die Psychologen von ihrer Seite aus über die Persönlichkeit des Legasthenikers gemacht haben. Sie sagen, daß die Persönlichkeitsbildung beim legasthenischen Kinde verzögert sei und sich deutlich unter dem nach Lebensalter, körperlicher und intellektueller Entwicklung zu erwartenden Niveau befinde. Die Persönlichkeitsentfaltung, das Eingreifen des Ich, ist gestört. Das ist auch der Grund, warum bei übermüdeten Erwachsenen die gleichen Symptome sich zeigen können, denn der Zustand der Übermüdung beruht auf einem Nachlassen der Ich-Tätigkeit. Wieder verwandelt sich ein Einwand in eine Bestätigung.

Die Kleinkindhaftigkeit der Legastheniker zeigt sich auch darin, daß sie viel stärker an ihre Mutter oder eventuell an den Lehrer gebunden sind, als es ihrem Lebensalter entspricht, während sie den Kontakt zu ihren Schulkameraden schwerer finden.

Mit 9 bis 10 Jahren lernen die meisten doch noch lesen und schreiben, wenn auch unter großen Schwierigkeiten. Das ist sehr charakteristisch, denn zu diesem Zeitpunkt macht das "Ich" einen plötzlichen großen Schritt in seiner Entwicklung vorwärts. Das ist Erziehern und Psychologen gut bekannt und äußert sich in mannigfaltigen Symptomen.

Es bleibt nun noch die Frage, warum das Unvermögen dieser Kinder sich gerade gegenüber der Welt der Buchstaben zeigt.

Mit den Buchstaben, wie sie in unserer Zivilisation geworden sind, tritt etwas völlig Fremdes dem Kinde entgegen, zu dem es keine innere Beziehung entwickeln kann. Warum ein bestimmter Buchstabe, sagen wir ein "M", gerade diese Form hat und nicht eine beliebige andere, darin ist zunächst gar kein Sinn zu sehen. Man hat einen sonderbaren Test mit legasthenischen Kindern gemacht und festgestellt, daß sie sinnlose Zusammenhänge nicht erfassen und im Gedächtnis behalten können, wohl aber sinnvolle. Eine zufällige Aneinanderreihung von Worten wie etwa: "Auge, Pferd, Baum, Auto," können sie nicht behalten, während sie die Reihe: "Auge, Nase, Mund, Gesicht," sehr wohl behalten können. Das ist doch eigentlich ganz vernünftig von diesen Kindern! - Aber andere Kinder dieses Alters können eben schon ganz sinnlose Reihen rein gedächtnismäßig behalten. Das ist eine abstrakte Gedächtnisleistung ohne innere Beziehung zu deren Inhalt.

Gerade das Problem der Legasthenie hat uns darauf aufmerksam gemacht, was für ein verwickelter Vorgang das Lesen- und Schreibenlernen ist, und wieviele Schritte der Abstraktion dabei zu vollziehen sind. Der Laut muß aus dem gehörten Wort heraus isoliert und dann mit der Buchstabenform verbunden werden, die einzelnen Buchstaben müssen sich zum Wort verbinden, das Wort mit dem Begriff, der Begriff mit der Anschauung etc. Das Lesenlernen, das früher ein einfacher Vorgang zu sein schien, ist heute ein Problem geworden.

Außerdem ist ja immer ein gewaltiger Sprung zu machen. Die Sprache gehört in den akustischen Bereich, in den Bereich des Gesprochenen und Gehörten. Wenn sie in der Schrift fixiert wird, so gerät sie in einen Bereich, der ihrem Wesen nicht entspricht, in den optischen Bereich, in den Bereich des Gesehenen. Sie wird zu etwas Paradoxem, sie wird zur sichtbaren Sprache.

Für die alten Bilderschriften, für die Hieroglyphen oder für die chinesische Schrift, gab es dieses Problem nicht. Da handelte es sich gar nicht um die Wiedergabe der gehörten Sprache, sondern um die zeichenhafte Darstellung eines Wahrgenommenen. Da ging man nicht aus dem optischen Bereich heraus. Das Zeichen für einen Gegenstand oder einen Vorgang hatte einen sinnvollen Zusammenhang mit dem, was es darstellen sollte. Nehmen wir das chinesische Schriftzeichen für "Regen". Da hat man ein Bild für das, was wir als Regen wahrnehmen. - Das ist bei dem Wortbild für "Regen" absolut nicht der Fall. Um aus diesem Wortbild den Begriff und die Anschauung "Regen" herauszuentwickeln, bedarf es einer gewaltigen Abstraktionsleistung.

Wir sind jetzt so weit in unseren Betrachtungen, daß wir zur Besprechung der Therapie übergehen können; zu demjenigen, was den Kindern helfen soll, ihre Störung zu überwinden. Keinesfalls soll behauptet werden, daß bereits ein vollständiges Bild der Legasthenie entworfen wurde. Es könnten noch manche Einzelheiten über die Schwierigkeiten und über das Wesen und Verhalten des legasthenischen Kindes hinzugefügt werden. Aber was bisher ausgeführt wurde, genügt, um die Grundsätze der Behandlung zu verstehen. Diese Grundsätze wären dann im individuellen Fall zu modifizieren und zu ergänzen. Bei einem grossköpfigen Legastheniker z.B. würde die Behandlung eine andere Betonung bekommen als bei einem kleinköpfigen.

Einmal müssen die Buchstaben dem Kinde in einer solchen Form beigebracht werden, daß es eine sinnvolle Beziehung dazu entwickeln kann. Zum anderen muß das Kind in seinem Inneren so gestärkt werden, daß es die Welt der Buchstaben verarbeiten und sich zu eigen machen kann. Das ist das Prinzipielle der Behandlungsrichtung. In der Ausführung wird man natürlich variieren.

Die innere Kräftigung findet das Kind vor allem in der Haltung des Unterrichtenden, von dem es sich in seinen Schreib-Leseschwierigkeiten verstanden fühlt. Die Erlebnisse des legasthenischen Versagens, die das kindliche Selbstvertrauen erschüttern, werden behutsam in solche übergeführt, die dem Kinde das Vertrauen geben, daß es mit den zunächst unüberwindlich scheinenden Hindernissen doch noch fertig werden wird. Jeder kleine Fortschritt auf dem mühevollen Wege ausdauernden Übens - in dem noch auszuführenden Sinne - bedeutet zugleich eine Konsolidierung der kindlichen Persönlichkeit. Eine weitere Möglichkeit, die Persönlichkeitsentfaltung des Legasthenikers zu fördern, bietet die Heileurythmie. Darauf wird später noch zurückzukommen sein.

Wir können die Zerlegung des Wortes in die Buchstaben nicht wieder rückgängig machen und zurückkehren zur alten Bilder- und Zeichenschrift. Aber wir können das Element der Bildhaftigkeit, das diese alten Schriften hatten, aufgreifen und beim Erlernen der Buchstabenschrift benutzen. Und dieses Erleben der Bildhaftigkeit ist ja ein elementares Bedürfnis des heutigen Kindes, dem nur leider häufig in einer für die Kindesnatur verhängnisvollen Weise entsprochen wird (Comic strips, Television).

Der Anfangsunterricht in den nach der Pädagogik Rudolf Steiners arbeitenden Heimen und Schulen enthält bereits Elemente, aus denen sich eine sinnvolle Behandlung der Legasthenie ableiten läßt. Da werden die Buchstabenformen aus lebhaft geschilderten Bildern herausentwickelt, z.B. das "W" aus der Form der Welle, das "B" aus der Bretzel, das "L" aus dem Leuchter etc.

An solchen Bildern kann das Kind seelisch etwas erleben und sich dadurch innerlich mit den Buchstabenformen verbinden. Ist diese innerlich-sinnvolle Beziehung hergestellt, dann kann man weiterhin so vorgehen, daß man entweder das Wortbild aus den einzelnen Buchstabenformen zusammensetzt (synthetisch) oder daß man die Buchstabenformen aus dem Wortbild heraus entwickelt (analytisch). Die Frage, ob "synthetisch" oder "analytisch" (Ganzheitsmethode), die heute gerade im Zusammenhang mit der Entstehung der Legasthenie so heftig diskutiert wird, verliert an Bedeutung gegenüber dem primär Wichtigen, daß ein bildhaftes seelisches Erleben der Buchstabenform erreicht werden muß. Im allgemeinen wird allerdings für den Legastheniker die synthetische Methode die geeignetere sein. - Es ist interessant, daß unter den mit legasthenischen Kindern arbeitenden Pädagogen und Psychologen solche sind, die auf das gleiche Prinzip gekommen sind. Sie sagen, man müsse die Buchstabenformen "konkretisieren" oder "personifizieren", und sie meinen damit eben das, daß man sie aus einem anschaulichen Bild entwickeln müsse. Dieses Prinzip, das hier für die legasthenischen Kinder gefunden wurde, wird in der Pädagogik Rudolf Steiners auf alle Kinder angewendet. Alle Kinder machen ja die Metamorphose durch, die der Legasthenie zugrundeliegt, und bei vielen Schulanfängern kommt es deshalb vorübergehend zu den charakteristischen spiegelbildlichen Vertauschungen.

Eine weitere Hilfe für diese Kinder bedeutet der Hinweis Rudolf Steiners, daß das Schreiben vor dem Lesen gelernt werden soll. Damit wird primär der in der Bewegung - auch in der Schreibbewegung - wirkende Wille angesprochen und betätigt. Erst später geht man dann über auf das mehr gedankliche Element des Lesens. - In der ersten Schulstunde wird mit den Kindern das Zeichnen von "geraden" und "krummen" Linien geübt. Sie lernen so die Grundelemente der Buchstabenformen, wie sie z.B. in einem "B" enthalten sind. Das sind zugleich die Grundelemente der menschlichen Gestalt: die Wölbung des Hauptes und die Streckung der Glieder.

Es wird damit eine Beziehung sichtbar zwischen den zunächst so fremdartigen Buchstabenformen und der Gestalt des Menschen. Die im Wachstum seiner eigenen körperlichen Gestalt wirksamen Formtendenzen findet das Kind in den Buchstabenformen wieder.

Die Entwicklung des kindlichen Auffassungsvermögens aus der Bildhaftigkeit heraus wird durch Symmetrie-Übungen gefördert, wie sie Rudolf Steiner in seinen pädagogischen Kursen angegeben hat. Da zeichnet man dem Kinde eine einseitige Form auf und läßt es dann die spiegelbildliche Ergänzung dazu finden.

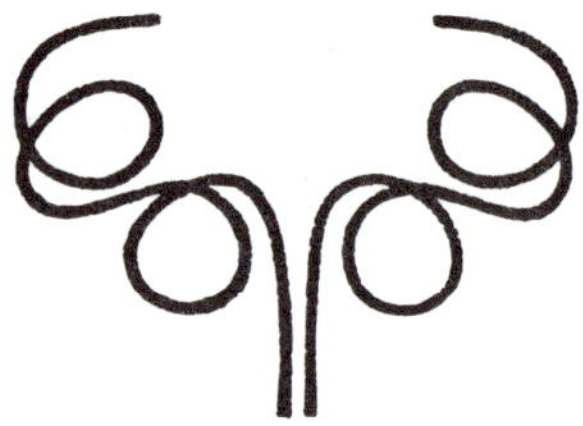

Mit einer solchen Übung veranlasst man den Legastheniker, absichtlich gerade das zu tun, was ihm bei der spiegelbildlichen Umkehrung und Vertauschung der Buchstaben (Reversion) gegen seine Absicht unterläuft. Damit hebt man diesen Vorgang ins Bewußtsein und verhütet, daß er unbewußt weiterläuft. Ausserdem erzieht man dabei das Kind zu einem wirklichen Formgefühl. In ähnlicher Weise sind auch die Übungen im dynamischen Zeichnen nach Hermann Kirchner hilfreich.

Bei den Schwierigkeiten, die die Legastheniker auch mit der gesprochenen Sprache haben, sind Sprachübungen notwendig, wie sie von Rudolf Steiner als sogenannte "Sprachgestaltung" angegeben wurden.

Wenn hier wiederholt auf die Pädagogik Rudolf Steiners verwiesen wird, so ist damit nicht gemeint, daß diese Pädagogik als solche bereits die Behandlung der Legasthenie ersetzt. Wohl aber ist gemeint, daß sich daraus Methoden entwickeln lassen, die bei intensiver und gezielter Anwendung eine Behandlung der Legasthenie darstellen.

Die mangenhafte Gestaltungsfähigkeit und Gestaltauffassung des legasthenischen Kindes werden dadurch gestärkt, daß man es zunächst einmal seine eigene Körpergestalt erfassen lehrt. Man sagt ihm etwa: "Fass einmal mit der linken Hand an das rechte Ohrläppchen, mit der rechten Hand an den linken Fuss" etc. Man kann bemerken, daß solches Erfassen der eigenen Gestalt und ihrer Richtungen den Kindern zuerst gar nicht leicht fällt.

Für die Orientierung im Raum, für die Sicherheit im Erfassen der Richtungen sind auch die eurythmischen Stabübungen hilfreich. Es gibt z.B.

eine Übung, in der speziell die Richtungen "oben - unten", "rechts - links" geübt werden.

Die Eurythmie ist überhaupt die beste Hilfe für den Legastheniker. Da vollführt das Kind die Laut-Gebärden, die dem Wesen der Vokale und Konsonanten entsprechen. Es findet einen sinnvollen Zusammenhang zwischen dem gehörten Laut und seinem Ausdruck in der Gebärde. Es erlebt diese Gebärde in der Bewegung, in der Bewegung seines ganzen Leibes, so daß der Wille intensiv angesprochen wird. Es sind durchseelte Bewegungen, mit denen das Kind sich innerlich verbinden kann. Es übt mit seiner ganzen bewegten Gestalt den Übergang von einem Laut zum anderen. Dabei lernt es die Schwierigkeiten überwinden, die ihm beim Lesen gerade dieser Übergang von einem Buchstaben zum nächsten bereitet.

In ihrer Abwandlung als Heileurythmie wirkt die Eurythmie direkt auf die Gesamtkonstitution des legasthenischen Kindes ein und verstärkt bei ihm das Eingreifen des Ich in die frei werdenden Gestaltungskräfte. Der Vokal "E" in heileurythmischer Ausführung ist dazu besonders geeignet. Er hat das Element der Überkreuzung in sich, das zur spiegelbildlichen Vertauschung von rechts und links führt. Von ihm sagt Rudolf Steiner: "Das "E" fixiert das Ich im Ätherleib, es prägt sehr stark das Ich in den Ätherleib hinein." Und das ist, wie wir sahen, genau das, was der Legastheniker braucht.

Es ist wohl nicht zufällig, daß zwei so charakteristische Erscheinungen wie die Legasthenie einerseits und die Schöpfung der Eurythmie durch Rudolf Steiner andererseits in unserem Jahrhundert gleichzeitig auftreten. Man kann darin etwas sehen wie den weisheitsvollen Zusammenhang von Krankheit und Heilmittel, der hier in die Entwicklung der Menschheit hineingestellt wird. In unserer heutigen Schrift haben wir diejenige Form einer "sichtbaren Sprache" vor uns, die einen gewissen Höhepunkt der Perfektion erreicht hat, aber dabei zugleich tot, erstarrt und abstrakt geworden ist. Dieser geschriebenen oder gedruckten Schrift gegenüber, die als das Hauptmittel der Verbreitung des Wissens in unserer Zivilisation erscheint, haben viele der heute geborenen Kinder große Schwierigkeiten. Da kann eine andere Form der "sichtbaren Sprache", die einen Neuanfang darstellt, helfen, diese Schwierigkeiten zu überwinden. Auch da wird die Sprache in den Bereich der Sichtbarkeit versetzt, aber nun so, daß ihr dabei die ganze Durchseelung und Ausdruckskraft des gesprochenen Wortes erhalten bleibt. Ja, ihre Aussagekraft wird noch dadurch verstärkt, daß nicht nur wie beim gesprochenen Wort ein spezieller Teil der menschlichen Organisation, sondern die ganze bewegte menschliche Gestalt zum Ausdruck der Sprache wird.

Das Wort, von dessen Schöpferkraft der Anfang des Johannes-Evangeliums spricht, geht in der heutigen Schrift durch eine Krise. Aber in dem

Heilmittel für diese Krise, in der Eurythmie, kündigt sich schon an, daß das Wort zu einer neuen Stufe seiner Wirksamkeit aufsteigen wird. In diesem bedeutungsvollen Umschwung steht das Problem der Legasthenie mitten darin. Das Kind, das mit seiner Schwierigkeit ringt, und der Erzieher, der ihm dabei hilft, sie beide sind in einer Aufgabe begriffen, die nicht nur sie selber betrifft, sondern die etwas zu tun hat mit den entscheidenden Veränderungen in unserer Zeit.

GEORG UNGER

Von der Wissenschaftlichen Methode

in der Anthroposophie und den von ihr befruchteten Lebensgebieten

Stellt man, etwa in einem Kreis Studenten hauptsächlich naturwissenschaftlicher Richtung einschließlich der Medizin, die Frage: "was ist eigentlich Wissenschaft?", so kann man, wie es dem Schreibenden geschah, manche überaus selbstkritische, ja sonderbare Antwort erhalten. Es wird betont, daß Wissenschaft die denkerische Verarbeitung von Experimenten sei. Das Ziel der Wissenschaft: die Meisterung der Natur in der Technik. Die wissenschaftliche Methode bestehe im Ersinnen von Modellvorstellungen für an und für sich unbekannt bleibende Vorgänge.Die Verknüpfung von Erfahrungen und Experimenten sowie die Deduktion aus den Modellen soll logisch geschehen. Kurz: die Experimente sollen nachprüfbar und möglichst wiederholbar und ihre Bearbeitung soll logisch sein. Die Wissenschaft sei, als Erfahrungssammlung oder wenigstens weil erfahrungsbezogen, grundsätzlich unsicher. In ihrer heutigen Form sei die Wissenschaft nicht geeignet, *Erkenntnisse* zu liefern. Und im besonderen sei sie unfähig, Lösungen für die Gegenwartsprobleme zu geben.

All dies war gleichsam als *Unbehagen* vor dem vollen Bewußtwerden der Umweltsprobleme weit verbreitet und wurde eben von den Studenten formuliert.

Auffallend an einem solchen Erlebnis, das gewiß nicht verallgemeinert werden soll, war, daß ein sozusagen a-historischer Zug durch das Gespräch ging, wie wenn das Bewußtsein vom ehrwürdigen Hintergrund der Wissenschaft, ihres Ernstes, ihrer Würde, der möglichen Exaktheit und der Verantwortung zugleich mit dem Wissen um die Vorgeschichte der heutigen Wissenschaft, also ihrer Entwicklung geschwunden oder zumindest gegenüber dem starken Unbehagen zurückgedrängt worden sei. - Von der Wissenschaft als *Theorie* wird immerhin die Axiomatisierung, die Mathematisierung und die Formalisierung im Anschluß an die Modelle gekannt; aber eben - mit den erwähnten Einschränkungen. Es ist jedoch - in einem solchen

Gespräch - nicht zu schwierig, die anderen Seiten der Wissenschaft ins Bewußtsein zu heben, indem man die Wissenschaft sozusagen gegen ihre eigene Selbstkritik verteidigt. Denn es ist schon so: das allgemeine Kultur-Mißbehagen hat den Laien konfrontiert mit so vielen lebensfeindlichen Aspekten der Wissenschaft, daß auch der Student nicht mehr vom Fortschrittsoptimismus des 19. Jahrhunderts ausgeht.

Wir wollen in wenigen und naturgemäß unvollständigen Zügen etwas von einer solchen "Verteidigung der Wissenschaft" voranstellen. Wir tun dies nicht um einer "Rechtfertigung vor dem Forum der Wissenschaft" willen, sondern um überhaupt erst die Grundlage für eine Diskussion der Wissenschaftlichkeit anthroposophischer Methoden und Ergebnisse zu schaffen.

Vor dem Heraufkommen der neuzeitlichen Naturwissenschaft, sagen wir, nach Kopernikus, waren ganz bestimmte Bedingungen charakteristisch für die Entwicklung gewisser Züge der Wissenschaft. Die Kenntnis der alten Schriftsteller konnte nur durch Abschreiben verbreitet werden. Gewissenhaftigkeit und Exaktheit des Zitierens war in besonders hohem Maß eine Grundvoraussetzung für jede wissenschaftliche Betätigung. Es soll nicht von der bloßen Gelehrsamkeit, die sich im Tradieren und der umfassenden Kenntnis der Literatur bezeugte, gesprochen werden, sondern ihre Technik als eine der Voraussetzungen jeder Wissenschaftlichkeit erwähnt werden. Noch heute ist es die Pflicht des Forschers, die Leistungen der Vorgänger soweit sie ihm bekannt zu würdigen, vor allem aber ist es Pflicht, sie auch zu *kennen*. In der Handhabung dieses technischen Mittels konnte sich die Gewissenhaftigkeit und die Sachlichkeit, welche von jeher wissenschaftliche Ideale sind, entwickeln.

Bevor wir uns den Fragen von der Bedeutung des Experimentes und dem Verhältnis des logischen Denkens zur Erfahrung zuwenden, wollen wir jene Wissenschaft aufsuchen, die, bis in die Neuzeit, das Muster aller Wissenschaftlichkeit überhaupt darstellte. Wir meinen natürlich die Mathematik oder, wie man noch bis zu Goethes Zeit auch wohl sagte, die Geometrie. In der Tat trat alles Mathematische bei den Griechen im Gewande der Geometrie auf. Das eigentliche *Erwachen* der Wissenschaft geschah bei den Griechen. Nicht daß vorher keinerlei Fakten und Zusammenhänge bekannt gewesen wären! Die ägyptische Messkunst und der Stand der babylonischen Astronomie und der dabei unterläßlichen Rechenkunst würden eine solche Meinung Lügen strafen. B.L. van der Waerden macht dies in seinem schönen Buch "Erwachende Wissenschaft" deutlich genug. Aber bei ihm kann man auch die Materialien dafür finden, daß eine eigentliche Wissenschaftliche Bearbeitung und die Bildung der Einsicht von gewissen übergreifenden Zusammenhängen unzweifelhaft das Verdienst der Griechen ist.

Was macht nun die Wissenschaftlichkeit der griechischen Geometrie (Mathematik) aus? Um es kurz sagen zu können, beschränken wir uns auf wenige Aspekte. Ein solcher ist, daß die Wissenschaft der Mathematik da beginnt, wo man - um ein bekanntes Wort abzuwandeln - "weiß, daß man etwas weiß". Denn gewiß ist es der Anfang einer jeden *Weisheit*, zu wissen, daß man nichts weiß! (Ein Pedant wird sagen: zu wissen, in welchen Fällen man nichts weiß.) Aber ebenso gewiss ist, daß es die Geometrie war, in welcher die Formulierung von Lehrsätzen als solcher Denkgegenstände begann, deren man *mit innerer Notwendigkeit gewiß* war. Viele wichtige Thesen sind schon beim frühen griechischen Philosophieren, oft mit überraschender Deutlichkeit formuliert worden. Aber es sind die mathematischen Wahrheiten, bei welchen zum Bewußtsein ihrer Aussagewürdigkeit etwas Neues hinzutrat: der *Beweis*. Mit vollem Recht wird darauf hingewiesen, daß der Satz des Pythagoras lange vor Pythagoras bekannt war. Ihm aber wird der Beweis zugeschrieben. Und man darf vermuten, daß der Satz vom rechten Winkel im Halbkreis aus demselben Grunde den Namen von Thales trägt. Wir meinen hier nicht die Notwendigkeit, sondern die Möglichkeit des Beweises und sehen sie als eine Wurzel der wissenschaftlichen Mathematik an. Um nämlich die Möglichkeit und den Sinn eines Beweises zu erkennen, musste vorgängig der Formulierung alles Unwesentliche abgestreift sein. Der zur Rede stehende Sachverhalt muß in klar umschriebenen Begriffen aussprechbar sein. Nicht umsonst werden in der viel späteren Lehre von der Definition die mathematischen Beispiele an hervorragender Stelle genannt. Sie sind es, an denen die erkannten Denkgesetze exemplifiziert werden können. Ja, man ist sich ihrer gerade bei dem "Mathematisieren" bewußt geworden.

Es ist wohl in Erscheinung getreten, daß wir es mit einer bestimmten Reifung des Denkens zu tun haben. Erst am Ende einer langen Entwicklung steht dann die strenge Form, in welche Euklid die Geometrie gegossen hat. Hier finden wir schon das Vorbild für die Gestaltung einer Theorie. Die Lehre von den Proportionen wurde zur Zeit Platos neubegründet. Sie stellt im Gesamtwerk der euklidischen "Elemente" eine für sich stehende Theorie dar.

Das Ideal einer theoretischen Wissenschaft ist, daß in einem Gebiet zusammenhängende Sachverhalte in ihrer gegenseitigen Abhängigkeit erkannt und unter gemeinsamem Gesichtspunkt dargestellt werden können. Beim Bilden einer Theorie strebt man danach, alles nach denselben Denkprinzipien und alle einschlägigen Sachverhalte ohne neue Annahme beherrschen zu können.

Das mächtige Gebäude der "Elemente" wurde damit zum Vorbild des reinen wissenschaftlichen Denkens überhaupt. Von ihm stammt der Hang zur Deduktion - nicht nur in der Mathematik - und der Anstoß zur modernen Axiomatik, die unter anderem die bei Euklid gelassenen Lücken ausfüllen wollte, dann aber ihre eigenen Wege ging.

Wann immer eine Wissenschaft, oder einer ihrer Teilbereiche, abgeschlossen ist, lassen sich ihre Ergebnisse aus wenigen Grundsätzen ableiten. Diese, als Postulate an die Spitze gestellt, sollen ermöglichen, den ganzen Umfang der Theorie durch logische Ableitung allein zu gewinnen. - Daß Axiomatik mehr ist als die Formalisierung und Kanonisierung tot gewordener Teilbereiche der Wissenschaft, soll natürlich nicht bestritten werden, gehört aber nicht in unsere Erörterung der wissenschaftlichen Methode.

Fast gleichzeitig mit der unbefangenen und neuen Naturbeobachtung, die sich gegen die Autorität des überlieferten Aristoteles wendet und welche den Beginn der Neuzeit markiert, trat auf der Seite der Theorie die Sprengung des starr gewordenen Panzers der euklidischen Geometrie ein. Entscheidende Wendepunkte werden markiert durch die gedankliche Zusammenfassung und das Absehen von unwesentlichen Nebenumständen. Wenn Archimedes sein Hebelgesetz formuliert, so liegt darin schon ein Absehen von allem anderen als der Länge der Hebelarme und der Gewichte an ihnen. Material, Farbe, Standort oder Absichten des Betrachters sind *nicht* irgenwie Gleichgewicht-bestimmende Umstände. Ebenso kommt Galilei zu einer gleich umfassenden Aussage, wenn er formuliert: alle Körper fallen gleich schnell (wenn man vom Luftwiderstand absieht). Kepler kann die Planetenbewegung in *Gesetze* fassen. Sie gelten bei sinngemäßer Anwendung noch heute! Newton kann sie mit der Idee der allgemeinen Gravitation und der von ihm entwickelten Erweiterung der Mathematik (zur Erfassung in der Zeit verlaufender stetiger Ortsveränderung) in eine *Theorie* der Planetenbewegung ausgestalten, welche zu den bekannten Triumphen der Astronomie des Sonnensystems geführt hat.

Nur auf dem Hintergrund der skizzierten Entwicklung, in die noch die Konzeption der Logik bei Aristoteles und deren Ausgestaltung in der Scholastik einzubeziehen wäre, ist das Heranwachsen und Erwachen des Selbstbewußtseins der Neuzeit verständlich.

Aber nicht nur die Theorie hat sich entwickelt. Eine unendliche Fülle neuer Beobachtungen und Hilfsmittel zur Verschärfung der Beobachtungen im kleinen wie im grossen sind aufgetreten. Neben die Sichtung und Systematisierung des naturkundlichen Wissens traten immer mehr Gedanken zur naturwissenschaftlichen Theorienbildung. Nennen wir die Entwicklungslehre als das wohl hervorragendste Beispiel. Alles das gehört zum Bild der Wissenschaft und ihrer individuellen Methoden. Unter diesen sei wegen ihrer zunehmenden Bedeutung in der Gegenwart noch die *Statistik* genannt.

Gerade im Bereich des Lebendigen hat man es nicht mit der Feststellung von Grössen zu tun, die bei den meisten leblosen Dingen oder Verhältnissen an sich feststehen. Die Anzahlen und Messgrössen im Bereich des Lebendigen haben eine eigene Dimension der Veränderlichkeit. Mittelwerte allein können eine solche Gesamtheit gar nicht charakterisieren. Es bedarf der Maßzahlen für die von Fall zu Fall verschiedene *Veränderlichkeit* selber. - Eine Frucht des Fortschrittes im 20. Jahrhunderts ist, daß es statistische Methoden gibt, welche das Maximum an Aussagekraft aus verhältnismässig kleinen Gesamtheiten herauszuholen erlauben. Eine Konsequenz ist zugleich, daß Hand in Hand damit die Forderung nach statistischer Sicherung von Forschungsergebnissen im Bereich der Biologie, aber auch der Medizin erhoben wird. Um nur ein Beispiel für die berechtigte Forderung zu nennen: bevor man mit einem neuen Impfstoff zur Anwendung auf ganze Bevölkerungsschichten übergeht, müssen derart eingehende Vorversuche und Statistiken vorliegen, daß die Wahrscheinlichkeit für schädliche Wirkungen etwa einer Krankheitserregung ganz ausserordentlich gering und überdies in ihrer Geringfügigkeit gesichert ist.

Wir lesen an den besprochenen Beispielen und Rückblicken ab, daß sich die wissenschaftliche Methode ihre innere Sicherheit am Vorbild des mathematischen Denkens erobert hat, daß in vielen Gebieten auch eine berechtigte Sicherheit im Berechenbaren vorliegt (in der Technik sowohl wie der sanitären Überwachung). - Wir sehen bewußt ab von einer Kritik der Modellbildung, des Aufsuchens von "Wirkungsmechanismen" wie auch von einer Besprechung der naturwissenschaftlichen Selbstkritik, welche die Tragweite der Theorien und der Modellvorstellungen untersucht und oft genug zu recht agnostischen Äußerungen kommt, die weit über das berechtigte Ziel hinaus schiessen, dem populären Glauben an die Allmacht der Wissenschaft gegenüber sozusagen "die wahren Verhältnisse" zu schildern.

Nachprüfbarkeit durch jedermann, Gründung auf Erfahrung, Allgemeinheit der Methode, welche eine logische sein muss, verbunden mit einer Kenntnis der Tragweite der verwendeten experimentellen Methoden und ihrer eventuellen Fallstricke, kritische Unterscheidung zwischen Tatsachen und unfreiwillig vom Experimentator selber bewirkten "Arte-fakten", das sind die Kennzeichen der wissenschaftlichen Methode und vor allem die öffentliche Darstellung der Methoden und Ergebnisse. So sei von Anfang an ein Charakteristikum der Wissenschaftlichkeit betont: Öffentlichkeit und Lehrbarkeit ihrer Methoden.

Schon die philosophische Grundlage, welche Rudolf Steiner noch im 19. Jahrhundert erarbeitete, geht in vollem Bewußtsein an die Einbeziehung der naturwissenschaftlichen Methodik in die Erkenntnislehre. Deshalb trägt das philosophische Hauptwerk "Die Philosophie der Freiheit" das Motto "Seelische Beobachtungsresultate nach naturwissenschaftlicher Methode", das Steiner in Anlehnung, aber bewußt zum Gegensatz zu Eduard von Hartmann formulierte ("spekulative Ergebnisse...").

Vergegenwärtigt man sich Steiners Schilderung der höheren Erkenntnisweisen, so findet man nicht nur die wissenschaftliche Methode zitiert, sondern man kann sie durchaus in den verschiedensten Aspekten sachlich bestätigt finden. Im Vorbeigehen wollen wir auf den Titel hinweisen, der bald nach den ersten beiden genannten geisteswissenschaftlichen Werken folgt: "Die Geheimwissenschaft im Umriss". Auch er ist programmatisch im Gegensatz zu einem anderen gewählt (die "Geheimlehre" von Blavatsky).

Wenn Rudolf Steiner mit grösster Konsequenz sein Lehren einer höheren Erkenntnis *wissenschaftlich* nannte, so muß man auf die im Vorstehenden genannten Wesenszüge der wissenschaftlichen Methode blicken, um dieses Anliegen richtig zu sehen. Es ist die wissenschaftliche Methode, welche hinter allen Erfolgen der Neuzeit steht, auch wenn es uns manchmal gefällt, in Abwehr einer falschen Wissenschaftsgläubigkeit die Erkenntnisbedeutung der Wissenschaft herabzusetzen. "Geisteswissenschaft", von Steiner oft als synonym für Anthroposophie gebraucht, will für das Leben der Gegenwart und Zukunft diejenige Erweiterung bilden, welche sowohl für die Gestaltung einer Weltanschauung wie für die Ausgestaltung lebenspraktischer Angelegenheiten notwendig ist. Damit steht die Geisteswissenschaft in betontem Gegensatz zum okkulten Wissen. Dieses leitet seine Bedeutung aus einer ehrwürdigen Tradition und nicht aus der öffentlichen Darstellung ihrer Methoden ab. Insofern es Methoden der Erlangung übersinnlicher Erkenntnisse im traditionellen Okkultismus gibt, waren sie bis auf dekadente Indiskretionen geheim. Deshalb ist die erste grundlegende Schrift des neuen spirituellen Welt- und Menschenverständnisses, "Theosophie", begleitet von der zunächst in Aufsatzform geschehenden Veröffentlichung "Wie erlangt man Erkenntnisse der höheren Welten?"

Ich versuche nun, die anthroposophische Erkenntnisart vom Gesichtspunkt der wissenschaftlichen Methode zu charakterisieren, und muß als erstes den Unterschied betonen zu der üblichen, auf die Sinneswelt gerichteten Erkenntnis. Dieser liegt darin, daß der Mensch sich selbst zum Erkenntnisinstrument umgestalten muß. Die "höhere Wahrnehmung" tritt nicht mit derselben zwingenden Kraft von außen auf, wie es die Sinneswahrnehmung für den gesunden Menschen tut. Somit liegt ein gewissermaßen subjektives Element an der Wurzel aller "höheren Erkenntnisse". Aber gerade indem er dies unzweideutig charakterisiert, kann Steiner unser Vertrauen gewinnen, wenn er zeigt, daß dies kein grundsätzlicher Einwand sein muß.

In der Verfolgung dieses Gesichtspunktes begegnen wir der Methodenlehre, welche in unserem geschichtlichen Rückblick sich als vielfach von der Mathematik beeinflusst erwiesen hat. Die Mathematik hat aber ein subjektives Element, welches nicht übersehen werden darf: Sie ist ein Geschöpf unserer Vorstellungen und Gedanken. Diese werden in einem gewissen Sinn durchaus frei, aber so gebildet, daß sie bestimmte elementare Erfahrungen an den starren Körper durch überaus weitgehend idealisierte Begriffe begleiten. Begreiflicherweise konnte das zur Meinung verführen, die mathematischen Ideen seien, insofern sie sich auf Raum und Zeit beziehen, Produkt unserer Organisation, die uns nach Kant Raum und Zeit als Formen der *Anschauung* aufnötige. Demgegenüber kann aber die unbefangene Beobachtung dabei stehen bleiben, daß, was immer ihr Ursprung, die räumlichen und zeitlichen Erlebnisse nicht Sinnesqualitäten sind, sondern den Charakter von Vorstellung und Begriff tragen. Insofern also wird die Mathematik im Innern des Menschen ausgebildet. Gerade dies in Verbindung mit der schon genannten Idealisierung der Elemente ermöglicht die von altersher berühmte Exaktheit. Ja, daß in der über zweitausendjährigen Geschichte kein wesentlicher Irrtum bestehen blieb, ist das stärkste Zeugnis für die Möglichkeit, im Reich des Denkens, welches sich hier in voller Freiheit betätigt, zu unumstösslicher Sicherheit zu gelangen. Stellt man sich die Vorstellungskraft eines Geometers oder die strukturelle Phantasie des Algebraikers derart gesteigert vor, daß sich im Menscheninnern "exakte Phantasie" (Goethe) entfaltet, so hat man ein brauchbares Bild für die *Imagination* im Sinn Steiners. Der Unterschied ist nur, daß diese nicht auf die an Sinnlichkeit armen Vorstellungen der Mathematik beschränkt bleibt, wohl aber die Überschaubarkeit und Exaktheit der mathematischen Vorstellungen beibehält.

Und wie der Geometer z.B. in seinem Konstruieren sehr genau den Sicherheit gebenden Gedankeninhalt von der Vorstellung der geometrischen Gebilde unterscheidet, so lernt man auf dem Weg der Imagination ein neues, vergleichsweise verständnisgebendes Element dieser Erfahrung, die *Inspiration* kennen.

Für Einzelheiten der Methode muß natürlich auf die anthroposophische Literatur verwiesen werden. Hier ging es um einen Vergleich, welcher den Anspruch der Wissenschaftlichkeit nicht als maßlos, sondern als sinnvoll erscheinen lässt.

Man denke nur, wieviel noch ziemlich chaotische Phantasietätigkeit in der wissenschaftlichen Forschung erlaubt ist, solange man in der "heuristischen Phase" steckt. Der Vergleich mit der Bildung des wissenschaftlichen Modells läßt sogar die Imagination insofern überlegen erscheinen, als ihre Elemente aus symbolischen Vorstellungen geschöpft werden können und nicht der unmittelbaren Sinneswelt entstammen. Ihr Verhältnis zu Wirklichkeit ist viel ähnlicher dem der mathematischen Gedanken, als dem etwa des Bohrschen Atommodells. Bei letzterem muß eigens gelernt werden, daß die in ihm auftretenden quasi sinnlichen Elemente nur zum Finden der Rechnungsansätze ernst genommen werden dürfen.

So kurz die Betrachtung der höheren Erkenntnisse nach Steiner unter dem Gesichtspunkt der wissenschaftlichen Methode sein musste, so werden wir bei den Auswirkungen in die verschiedenen Fachgebiete uns noch kürzer fassen müssen. Dem naturwissenschaftlichen Forscher wird die Goethesche Methode als ein Muster nahegelegt, wie man sein Denken disziplinieren kann, daß es "bei den Fakten bleibt". Diese sind selbst schon die Theorie, sagt Goethe und meint damit ein Innehalten, bevor das Denken in Modellvorstellungen und Hypothesen aller Art stürzt. Damit ist nichts gegen die Hypothesen an sich gesagt. Die Wissenschaft bedarf ihrer und hat viele Arbeitshypothesen bestätigt oder widerlegt. Nur grundsätzlich unbeobachtbare Dinge sollte man im Sinn Goethes meiden. Im Sinn Steiners kann das Denken gerade hier mit imaginativen Bildern einsetzen und im Feld des Organischen imaginative Vorstellungen entwickeln, die zu einem tiefer eindringenden Verständnis führen können.

Als Beispiel sei hier eine von Steiner nach langjähriger Vorarbeit in Ideenform dargestellte Anschauung wiedergegeben. Wir meinen die *Dreigliederung des menschlichen Organismus*. Für Einzelheiten sei auch hier auf die Literatur, aber auch auf die in diesem Band veröffentlichten Aufsätze verwiesen. Wir wollen die Gliederung des sinnlich-anschaulich vor uns stehenden Menschen in die drei folgenden Systeme zunächst als einen Gedanken schildern. Das Nervensinnessystem - weil es so stark im Kopf lokalisiert ist, manchmal auch Kopfsystem genannt - umfasst die Sinnesorgane und die Nerven des gesamten menschlichen Organismus in ihrem funktionellen Zusammenspiel, vor allem des zentralen Nervensystems. Ein anderes System, das Stoffwechsel-Gliedmaßensystem, umfasst, wie sein Name sagt, die Gesamtheit der Prozesse, durch welche der Stoffwechsel nicht nur im Darmtrakt und in den damit verbundenen Organen, sondern bis in die Muskelarbeit der Gliedmaßen hinein tätig ist. Bildlich gesprochen, kann man es auch das Rumpfsystem nennen (und stillschweigend die Gliedmaßen dazu nehmen). Zwischen diesen Polen der dem Bewußtsein dienenden Sinnesnervenprozesse und der dem Aufbau und der Regeneration dienenden Stoffwechselprozess stehen rhythmisch ausgleichend die Prozesse des dritten Systems: des rhythmischen oder Herz-Lungensystems, für das man auch in Anspielung auf die genannte Polarität "der mittlere Mensch" sagen kann.

Der Pädagoge sowohl wie der Arzt gewinnen ein überaus lebendiges Verhältnis zum Wesen des Menschen, wenn sie sich ein so gegliedertes Bild vom Menschen machen (wie es auch andere Bilder gibt, das ältere, verlassene vom "Menschen als Industriepalast" oder das heute sich entwickelnde kybernetische, dem natürlich wichtige Aspekte des Nervensinnessystems zugrunde liegen).

Es liegt mir nun daran, die vorangehenden Betrachtungen mit dem Hinweis zu schliessen, daß man nach wenig Übung durchaus diese drei Systeme gleichzeitig in jedem Teil des menschlichen Körpers am Werk sehen kann. Das Auge besitzt neben dem dominierenden Nervensystem der Netzhaut auch die Vertreter der beiden anderen Systeme: in der Aderhaut das rhythmische und in den im und am Auge wirkenden Muskeln und den intensiven Stoffwechselprozessen das Gliedmaßen-Stoffwechselsystem.

Insofern wir uns diese Idee aneignen, *gewinnen wir bereits eine Imagination*. Diese hat mit der Phantasievorstellung gemein, daß in unserem Anschauungsfeld die Vorstellung der leiblichen Träger der drei Organsysteme steht, unterscheidet sich aber dadurch, daß die wahre Beziehung durch diese Bildvorstellung nur symbolisiert wird. Ich will den Vergleich nicht pressen, meine aber gezeigt zu haben, wie man etwas unmittelbar Lebenspraktisches mit dem ersten Schritt der anthroposophischen Erkenntnisse verbinden kann, der Imagination.

Vielleicht ist es als Schlussbemerkung nicht überflüssig zu betonen, daß die bewährten experimentellen und gedanklichen Methoden der Naturwissenschaft bei einer solchen Erweiterung der Wissenschaftlichkeit nicht gering geschätzt werden. So findet sich - ebenso wie die Unterstreichung der Wissenschaftlichkeit seiner Methoden - bei Steiner durch sein ganzes Werk immer aufs neue besonders der Schulungswert der naturwissenschaftlichen Methode, wie sie in der Neuzeit entwickelt worden ist, auch für die übersinnliche Erkenntnis betont.

Anschriften der Autoren:

Rudolf Grosse, Leiter der Pädagogischen Sektion am Goetheanum, Dornach/Schweiz

Hellmut Klimm, Dr.med., Heilpädagogisches Kinderheim "Sonnenhof", Arlesheim/Schweiz

Hermann Poppelbaum, Dr.phil., Dornach/Schweiz

Georg von Arnim, Dr. med., Heimsonderschule Föhrenbühl *(Camphill-Einrichtung)*, Heiligenberg/Bodensee

Walter Holtzapfel, Dr. med., Leiter der Medizinischen Sektion am Goetheanum, Dornach/Schweiz

Georg Unger, Dr. phil., Leiter der Mathematisch-Astronomischen Sektion am Goetheanum, Dornach/Schweiz

---

Heilpädagogik aus anthroposophischer Menschenkunde

Schriftenreihe der Medizinischen Sektion am Goetheanum Dornach

Band 2:

Beiträge zur heilpädagogischen Methodik

Mit folgenden Beiträgen:

Hans Müller-Wiedemann: Grundlagen einer allgemeinen heilpädagogischen Konstitutionsdiagnostik

Kurt Vierl: Erziehung und Unterricht in Schulen für Seelenpflege-bedürftige Kinder

Georg und Veronika Goelzer: Das Künstlertum des Heilpädagogen

Carlo Pietzner: Heilpädagogik in geänderter Zeitlage. (Aus dem Blickpunkt der Arbeit in den USA.)